U0486005

武昌历史文化丛书 编委会／编

武昌历史文化丛书

Changchunguan Congtan

长春观丛谈

孙君恒 主编

武汉出版社
Wuhan Publishing House

(鄂)新登字 08 号

图书在版编目(CIP)数据

长春观丛谈 / 孙君恒主编. ——武汉：武汉出版社，2021.10
(武昌历史文化丛书)
ISBN 978-7-5582-4613-5

Ⅰ. ①长… Ⅱ. ①孙… Ⅲ. ①道教-寺庙-研究-武昌区 Ⅳ. ①B957.263.4

中国版本图书馆 CIP 数据核字(2021)第 092649 号

长春观丛谈

| 主　　编：孙君恒
| 出 品 人：朱向梅
| 策划编辑：胡　新
| 责任编辑：明廷雄
| 封面设计：马　波
| 出　　版：武汉出版社
| 社　　址：武汉市江岸区兴业路 136 号　　邮　编：430014
| 电　　话：(027)85606403　85600625
| http://www.whcbs.com　　E-mail:zbs@whcbs.com
| 印　　刷：湖北新华印务有限公司　　经　销：新华书店
| 开　　本：787 mm×1092 mm　1/16
| 印　　张：11.25　字　数：145 千字
| 版　　次：2021 年 10 月第 1 版　2021 年 10 月第 1 次印刷
| 定　　价：38.00 元

版权所有・翻印必究
如有印装质量问题，由本社负责调换。

编委会

名誉主任 刘 洁　余 松
主　　任 林 军
副 主 任 周 明　王兴文　王红专　甘世斌　刘重武
委　　员 李远华　王汉军　杨水才　何学军　孙志翔
　　　　　　柏雨辰　宋 杰　易振波　葛文凯

专家委员会

顾　问 章开沅　冯天瑜
主　任 马 敏　严昌洪
委　员（按姓氏笔画为序）
　　　　田子渝　朱 英　刘玉堂　刘庆平
　　　　李卫东　李少军　李良明　何祚欢
　　　　罗福惠　周洪宇　周积明　张笃勤
　　　　郭 莹　敖文蔚　姚伟钧　涂文学

序一
Preface

"求木之长者，必固其根本；欲流之远者，必浚其源泉。"一个城市的生命和灵魂，来自深厚的历史底蕴与坚实的文化内核；一个城市的品位和底气，离不开强大的文化自信与不竭的创新动力。挖掘历史资源、激活文化基因，事关精神命脉的传承，事关城市的永续发展。

有着近一千八百年建城史的武昌，历史悠久，文脉绵长。在这里，一座古城，风韵悠然，阔步前行，穿越千年沧桑；一处名楼，文人墨客，咸集诗赋，各领绝代风骚；一件大事，辛亥首义，敢为人先，改变中国历史；无数英豪，指点江山，前仆后继，浴血谱写辉煌。因为有了历史和文化的充分滋养，武昌始终生机勃勃、活力无限，为荆楚文化在中华文明总谱系中留下独特的基因和符号提供了丰富的给养。这片有着绚烂历史和强烈魅力的土地，一直等待着我们去发现、去感受、去领略、去彰显。

正因如此，我们有优势、有情怀，更有责任、有义务弘扬武昌的优秀历史文化，把武昌故事讲好，把武昌自信提升好，把武昌力量凝聚好。与其他展示武昌历史文化的论著不同，这套丛书全面系统梳理了多年散落在民间、口口相传的武昌老故事，通过精心的考证，深入挖掘其中蕴含的思想观念、人文精神和道德规范，并适应时代发展进行继承和创新，凸显出武昌发展的个性和魅力——从这个层面上讲，这套丛书的意义已经远远超出了文史资料的价值，它是武昌文脉的复现，为活化武昌文化遗产、树立武昌城市精神、提振市民精气神将作出独有的贡献。

丛书立足武昌历史根脉，突出武昌文化核心元素，在时间上自公元 223 年孙权建筑夏口城起至 20 世纪 60 年代，在空间上以武昌区现在的行政区划为主，分为"综合""武昌人物""武昌风物""武昌景物""武昌文物"和插画版"武昌指南"六个系列，将为武昌发展作出重大贡献的历史人物、影响历史进程的重大事件与武昌地域特色文化相结合，用群众喜闻乐见的语言讲历史故事、叙文化传统、说武昌古今。本书内容上具备理论高度、学术价值和思想深度，形式上明白晓畅，通俗易懂，能够激起读者情感共鸣，兼具历史性、时代性、知识性、可读性与权威性，可谓宣传推介武昌的集大成之作。

今天，武昌的经济体量已进入"千亿级"时代，站在新的起点，文化软实力正是提升我们综合竞争力和可持续发展能力的关键因素。习近平总书记说，"文化自信是一个国家、一个民族发展中更基本、更深沉、更持久的力量"，在建设创新型城区和国家中心城市核心区的征程上，我们更要"以古人之规矩，开自己之生面"，更要坚守中华文化立场，传承中华文化基因，展现中华审美风范。愿我们携起手来，共同努力，让传统文化与现实文化相融相通，让个体情感与集体情感同频共振，为新时代武昌的改革创新发展注入每一个人的家国情怀！

为策划、编纂和出版这套丛书，一大批专家学者以及许多市区老领导、政协委员都倾注了深厚的感情，为丛书的诞生奠定了坚实的基础，在此，由衷感谢他们为发展、延续武昌历史文化付出的巨大心血！

刘　洁

2018 年 12 月

序 二
Preface

勤耕不倦，玉汝于成。历时三年，经过承编单位和各位专家学者、全体编辑人员坚持不懈的努力，《武昌历史文化丛书》6个系列38册图书全部编撰完成。此前，已有不少关于武昌历史文化方面的书籍出版，但大多只涉及某一角度或某一方面，唯有此套丛书全方位介绍了底蕴深厚、丰富多彩的武昌历史文化，多角度展示了武昌各时期的发展面貌，堪称集大成之作。

源远者流长，根深者枝茂。武昌城始建于公元223年，从魏晋至明清，都是历代县、郡、州、府乃至行省治所所在地，自古以来即为武汉地区的政治、经济、文化中心。受博大精深的荆楚文化滋养，武昌集书卷气与烟火味于一体，既是楚辞浪漫、黄鹤飘逸的千年历史文化名城，也是推翻帝制、创建共和的辛亥首义之地；既是绿水青山、生态宜居的滨江滨湖之城，也是经济领先、科教集聚的现代化城区，在中国历史上占有极为重要的地位。经历了惊心动魄的抗疫大战，武昌更加彰显出舍生忘死、勇往直前的英雄气概，焕发出浴火重生、淬炼成钢的蓬勃生机，展现了荆楚文化筚路蓝缕、开拓进取、自强不息的精神内涵。

《武昌历史文化丛书》本着高度的历史使命感，发扬严谨求实的优良传统，坚持政治性、思想性、艺术性相统一，从多个角度以不同专题讲述武昌历史的发展脉络，供读者鉴古知今、察往思来，从中获取智慧和力量。特别是最新编辑出版的《早期共产党人在武昌》等书，系统展示了这片革命热土上星罗棋布的红色文化资源，讲述了中国共产党在武昌艰辛而辉煌的峥嵘岁月，字里行间给人以强烈的思想启迪、精神激荡。每一个历史事件、每一位革命英雄、每一件革命文物，都展现了中国共产党的追求和梦想、情怀和担当、牺牲和奉献，生动诠释了武昌传承的红色基因、流淌的红色血液，无声地培育了我们共同的情感价值和理想追求，成为武昌文化软实力的重要组成部分，更是激励每个武昌人奋力拼搏新征程的强大力量源泉。

"风樯动，龟蛇静，起宏图。"当前正值"十四五"开局之年，"一带一路"倡议及长江经济带发展、中部地区崛起等多项国家战略纷纷聚焦湖北武汉，武昌正朝着建设更具认知度、识别度和美誉度的社会主义现代化城区加速奋进。从这一角度讲，《武昌历史文化丛书》的编辑出版正当其时，不仅传承和弘扬了地方优秀文化，守住了我们的城市根脉、个性与活力，而且能够强劲赋能提升城区品质和文化影响力，对推动武昌高质量发展具有重要且不可替代的作用。

不忘本来，方能开辟未来。武昌，有太多的故事值得述说，有太多的人物值得追忆，有太多的梦想需要延续。相信读者们翻开这套丛书，领略这片一百多平方公里土地的一山一水，品读这里历经了近1800年岁月的一街一巷，一定会深刻感受到其背后蕴含的人文情怀、价值追求和气质风范。最后，衷心感谢为丛书出版力笔勤耕、殚精竭虑的全体作者、专家委员会成员和武汉出版社的同志们！

余　松

2021年10月

序 三
Preface

酝酿已久的《武昌历史文化丛书》终于要正式出版了,作为一个历史工作者和这套丛书的专家委员会主任,我感到由衷的高兴,十分乐意借写序的机会,同大家分享一下我的几点感想。

第一,为什么要出版《武昌历史文化丛书》?

武汉三镇之中,当属武昌的历史最为悠久,早在春秋战国时期,楚国就在这一地区设有封君夏侯。三国时期,孙权将东吴政治中心迁鄂(今鄂州市),寓"以武而昌"之意,改鄂名为"武昌",这是武昌之名的由来。公元223年,孙权在江夏山(蛇山)筑夏口城,从而开启了武昌古城的历史,至今已近一千八百年。从元代设湖广行省起至清末,武昌一直是省级大区域行政中心。北伐战争后,改武昌县为武昌市。1927年,武汉三镇在行政区划上正式统一为一市。1949年武昌解放后,成为中共湖北省委、省人民政府所在地,在1952年调整区划后,正式成立武昌区人民政府。

千百年来,武昌因其独特的地理区位,始终处于社会变革的最前沿,承载着中华民族波澜壮阔的历史变迁,书写着气势磅礴的历史画卷。武昌人文底蕴深厚。屈子行吟,崔颢题诗,李白唱和……近代以来,张之洞督鄂,兴实业,办教育,练新军,新旧学堂并起,东西文化交融,风气大开,武昌由此奠定了全省文化中心的地位,诚如张之洞题黄鹤楼楹联中云:"昔贤整顿乾坤,缔造先从江汉起；今日交通文轨，登临不觉亚欧遥。"武昌自然风光秀丽。东湖、沙湖、紫阳湖等，妩媚多娇；洪山、蛇山、珞珈山等，玲珑别致；黄鹤楼、宝通寺、长春观等，景色优美。山灵水秀，人文荟萃，让武昌成为最适宜居住的城区。

武昌历史悠久、文化厚重、科教区位优势明显，是武汉的城市文化名片，而《武昌历史文化丛书》正是一套向世人充分展示武昌这座历史文化名城的独特魅力和风采的作品。

第二，如何编好《武昌历史文化丛书》？

武昌是武汉文脉沉淀之地，积累了丰厚的文化资源，如黄鹤楼文化、辛亥首义文化、名人文化等，此前也有若干零星介绍武昌历史文化的图书，而这套丛书则是第一次全面系统梳理千年古城的历史文化、系统挖掘武昌历史文化资源的重要工程。

本丛书在整体设计上分为六个系列，形式新颖，内容全面，体系完整，时间上从公元223年至1960年代；空间上以现有武昌区行政区划为主，必要时以历史上的大武昌概念为界定，将为武昌发展作出重大贡献的历史人物、影响历史进程的重大事件与武昌地域特色文化相结合，激活武昌文化基因，展现真实、立体、全面的武昌，集中呈现武昌深厚的文化底蕴。

在作者的选择上，着重选择了对武昌历史文化素有研究的专家学者；在内容上，利用新史料，体现研究新成果，集历史性、权威性、知识性、可读性于一体；在形式上，采取图文并茂的形式。

第三，编撰《武昌历史文化丛书》的意义何在？

习近平总书记在党的十九大报告中指出："文化兴国运兴，文化强民族强。没有高度的文化自信，没有文化的繁荣兴盛，就没有中华民族伟大复兴。"只有对自身文化有高度的自信，才可能带来武昌的繁荣兴盛。在新时代下，启动这套丛书的编撰，既体现了武昌区委、区政府的远见，也可谓正逢其时。

该丛书既是在新时代第一次全面、系统挖掘武昌历史文化资源的重要文化工程，也是响应市委、市政府建设"历史之城、当代之城、未来之城"号召的实践成果，更是加快建设现代化、国际化、生态化大武汉，全面复兴大武汉的具体举措，功在当代，利在千秋。

本丛书立足武昌，深入挖掘其中所蕴含的思想观念、人文精神、道德规范，并结合时代要求继承创新，突出展示武昌最具特色的核心文化元素，集中挖掘城区的文化根脉，讲好武昌故事，传承历史文化记忆，对于传承武昌区优秀的历史文化、提升居民文化自信、推进城区文化建设具有重大的现实意义，必然成为武汉市打造国家中心城市和世界亮点城市规划中绚丽的一环。

关于学习历史的意义，习近平总书记在中央党校建校80周年庆祝大会暨2013年春季学期开学典礼上讲道："学史可以看成败、鉴得失、知兴替。"从武昌悠久、丰厚的历史文脉当中，我们也一定可以看清她的成败、得失、兴替，从而以更加清醒的头脑和更为厚重的历史感，借改革开放四十年的东风，更好地了解武昌、建设武昌、发展武昌。

是为序。

马 敏

2018 年 12 月于武昌桂子山

/ 前 言 /
Foreword

　　武昌长春观是武汉市中心城区的第一道观。千百年来，这座庄重和神秘的道家圣地，从开启、辉煌、沉寂再到复苏，几度坎坷，几经磨砺，顺其自然，光华内敛，返璞归真。晨风拂过，翻开新的一页，日积月累，摞起厚重的、沉甸甸的历史。

　　楚国是道家老庄的"根据地"，武昌的长春观是风水宝地。据传老子曾云游于湖港之乡、双峰山麓的松岛，优雅的自然环境让其流连忘返，于是他就在此地传道。后来，"先农坛""神祇坛""太极官"等在武昌长春门（大东门）外设立，香火不断。

　　传说成吉思汗与丘处机会面后，道观就如雨后春笋遍布全国，武昌长春观正是其中之一。这两位名人千古一遇的会面，使得长生和修仙的秘闻不胫而走，成为美谈。成吉思汗的一纸诏令，全真教（又称全真道）遍地开花。一座座长春观，如繁星点缀，散播到大江南北。蒙古铁骑的金戈铁马，与全真教的清修己身，动静结合；成吉思汗的王图征战霸业，与长春子丘真人（丘处机）的济世救民，皆在一幅幅历史画卷、一座座长春观中交融彰显。

　　近代，与武昌城墙几乎平齐的制高点长春观，成为兵家必争之地。太平天国运动、辛亥革命、北伐战争等，在此都留下了重要活动和惨烈战事的记载，长春观经受了一幕幕硝烟弥漫的洗礼。

  风雨千百年，沧桑刻进武昌长春观那平凡的石柱、石阶，双峰山上的古树成为历史的见证者。无数道人、名人、老百姓在松岛一带过往的足迹，均彰显着长春观的底蕴和辉煌。山门、殿堂、曲径，过客千百年地触摸，时间涌进，愈发厚重。武昌长春观的灵官殿、财神殿、太清殿、会仙桥、藏经阁、武术馆、道医堂等，留下了一笔笔珍贵的历史，百年不朽，如陈年老酒，若细细品味，就会沉醉其中……

  武昌长春观，作为道教修行圣地，其建筑顺应自然山势，方正、威严、庄重，别具一格，堪称杰作。虽身处闹市，观内却清幽秀丽，宛若世外桃源，洋溢着仙风道骨之气。各地游客，心向往之，每逢节假日，观内总是香火旺盛，人潮涌动。武昌长春观不像一般的旅游景区，这里是一座厚重的历史宝库，在中国道教界占有一席之地。长春观道家思想的有与无、确定与不确定并存，扑朔迷离，需层层剥开，细细体会。

  这本小书——《长春观丛谈》，窥探武昌长春观的自然风貌、建筑布局、历史变迁、丘处机的生平等方方面面，查阅并依据大量史料，力图还原历史上的细枝末节，将带读者踏上一段别具韵味的文化旅程……

目录 /Contents

第一章　长春门外的长春观 / 001
　　第一节　双峰美景　丛林幽静 / 001
　　第二节　诗词楹联　引人入胜 / 021

第二章　长春观的建筑 / 031
　　第一节　东路建筑 / 033
　　第二节　中路建筑 / 035
　　第三节　西路建筑 / 042
　　第四节　建筑特点 / 049

第三章　长春子的故事 / 061
　　第一节　修道得道传道 / 061
　　第二节　一言止杀济世 / 076

第四章　长春观的往事 / 097

第一节　历史沧桑 / 097

第二节　道长的贡献 / 107

第三节　各界支持 / 131

第五章　长春观的社会服务 / 135

第一节　庙会与燕九节 / 135

第二节　菜园与素斋 / 140

第三节　茶寮与义诊 / 144

第四节　办学与倡孝 / 145

第五节　祈福活动 / 147

参考文献 / 159

后　记 / 163

第一章
长春门外的长春观

武昌长春观，与长春子丘处机息息相关。长春门（又叫宾阳门、大东门）附近，历史上是山清水秀、风景优美的风水宝地，也是道观所在地，吸引了很多信众和游客。这里，美景如画，人文底蕴深厚，流传着很多的道教神话、传说和故事。长春门边的长春山（常称为双峰山）建有长春观，门、山、观均以"长春"命名，殊为罕见。

第一节 双峰美景 丛林幽静

今天的武昌长春观，位于武昌大东门外，在武珞路与中山路交会处。长春观外车水马龙，附近的武昌火车站、小东门地铁站以及大东门和小东门的市场人来人往，热闹非凡。历史上的长春观环境优美，山环水绕，范围较大，十分幽静。我们可以从武汉的城市历史中，寻觅到许多有关长春观的发展轨迹。

武昌大东门（1926年上海《天民报图画附刊》）

一、山环水绕，历史追踪

1926年前的武昌，城墙森严，东西南北共有10座城门外通，其中有东面的大东门、西面的汉阳门、北面的武胜门和南面的中和门（起义门）。长春观就坐落于武昌大东门外。

（一）武昌城墙与大东门

大东门是武昌城东面最重要的一座大城门。大东门又叫宾阳门。"宾阳"语出《尚书·尧典》："分命羲仲，宅嵎夷，曰旸谷。寅宾出日，平秩东作。"即尧命羲仲居住在东方叫旸谷的地方，每日早晨恭敬地迎接日出，以观察时序，指导农业生产。由于大东门是武昌城东侧进出城的主要通道，也是迎接日出的城门，因此又得名宾阳门。

大东门城墙边的蛇山是守城要塞，附近有一座敌台（建于城墙上并突出于城墙外侧，用以防御攻城之敌的高台）与城门相呼应，历来是兵家必争之地。1926年北伐军攻打武昌时，就在大东门外发生了激战。

百年前的长春观（图左下角为武昌城墙，左侧较高建筑为长春观）

上海《天民报图画附刊》1926年11月报道："武昌城墙已决拆除，本刊特派记者往摄十门，按期登载，以留纪念。"

（二）武昌"三台八井九湖十三山"

武昌是荆楚大地的明珠，山多水多。武昌城中，有蛇山横亘，北面城墙依托凤凰山，城中有都司湖、西湖、长湖和紫阳湖等，真是开门见山、出门遇湖，更不用说城边浩浩汤汤的长江之水了。人们将武昌城内的山水概括为"三台八井九湖十三山"，实际上，武昌城内的山水很多，所以"三台八井九湖十三山"之所指众说纷纭，这里只选取其中一种进行说明。

"三台"是指楚望台、梳妆台、望儿台。

楚望台在梅亭山、起义门附近。明太祖朱元璋封其第六子朱桢为楚王，朱桢就藩武昌后，在此筑台遥望当时的都城南京，表达对父母的思念之情。

史载，元朝末年，朱元璋进军武昌，曾驻跸梅亭山，在此闻报得第六子，高兴地说："子长，以楚封之。"朱元璋当皇帝后，于洪武三年（1370年）封第六子朱桢为楚王。洪武十四年（1381年）朱桢就藩武昌，在梅亭山竖立分封楚王的御制碑文，并建封建亭。朱桢不忘父皇之恩，常在此遥望帝京，又建楚望台。从此，起义街清真寺梅亭山一带被称为楚望台，是明清两代武昌较为著名的风景名胜区。

朱桢所建的楚望台早已不存，但清末曾在此建军械库。辛亥革命武昌起义后，起义军以此地为指挥部。

梳妆台位于明代楚王府后院的小山丘上，为楚王妃嫔梳妆处。梳妆台附近原有金鱼池、御菜园、长寿寺等建筑。梳妆台故址在今彭刘杨路湖北省水产局后，高台残址犹存。

望儿台又称龙床台，在高观山凤凰窝。明代楚恭王之子朱华奎袭封为第九代楚王。同宗祖的朱华越等向朝廷揭发朱华奎非恭王之子，明神宗下诏调查，朱华奎被幽禁。其母因思念儿子，常到山顶土堆上望之，故称该处为望儿台。

"八井"是指清风井（在高观山下乌鱼池东）、明月井（在高观山下乌鱼池东）、九龙井（九龙井街24号）、双眼井（九龙井街62号旁）、八卦井（九龙小区内，位于中营街56号旁）、汲水井、蟹马井、白鹤井（在双峰山长春观西山坡）。

其中的白鹤井，传说为仙鹤们饮水之处，又称吕仙炼丹井，此井在20世纪50年代因修武汉长江大桥被封口，后来又恢复。据说长春观的水质好就是因为有白鹤井，井水用来泡茶最好，成为游客品茶的好水源。又传说有一位书生，在井边勤读诗书，常饮井水，后来科举高中，于是该井水被认为是智慧泉水，白鹤井的名气便更大了。

当代诗人、湖北大学教授罗炽先生对长春观白鹤井的茶水情有独

长春观白鹤井

钟,写有《武昌长春观品道茶赋得》一诗,称赞白鹤井的井水:

秋风初拂大东门,坐对玄机欲抚琴。
论道长思抱朴子,品茶偏选玉观音。
忘怀物我尘心净,寄意蓬壶道脉馨。
坐起中庭看月色,氤氲和气满长春。

"九湖"指司湖、西川湖(一说应为弯把湖,又名东湖)、宁湖、都司湖、西湖、歌笛湖、教唱湖、长湖和紫阳湖。作为"千湖之省"的湖北,水资源丰富,与道家结下了不解之缘。

"十三山"有不同说法，主要有两种：一说指七山、二岭、三坡、一岬。七山是黄鹄山、高观山、长春山、胭脂山、花园山（有的说是崇福山）、凤凰山、梅亭山，二岭是芝麻岭、巡道岭，三坡是黄土坡、察院坡、鼓架坡，一岬是螃蟹岬。

"十三山"的另一说，是指黄鹄山、蔡东山、殷家山、高观山、棋盘山（以上五山总称为蛇山）、炮架山（在武胜门东段城墙内）、花园山（有的说是崇福山，在蛇山之北）、凤凰山（在城北）、胭脂山（在蛇山之北，山石呈胭脂色，故名，又名鞭子山）、一字山（俗称狗儿山，在黄鹄山后，现尚有高土堆）、朱石山（又称猪市山，在黄土坡附近）、梅亭山（在起义门附近）、萧山（在梅亭山西北石灰堰附近，传说为晋萧丹隐居地）。

1883年的《湖北省城内外街道总图》（部分）

武昌城外，更是山环水绕，好山好水，自然天成。譬如，湖泊有晒湖、沙湖、东湖、青菱湖、黄家湖、汤逊湖，山丘有珞珈山、小洪山、桂子山、南望山、喻家山、九峰山、青山，还有长江对岸的龟山。

武昌的自然环境好，湿地较多，生态和谐。星罗棋布的城内湖泊，碧水连天，与长江水系相通（以前有武泰闸、武丰闸关联）。夏可摘莲花，捕虾蟹，戏清水；冬可采湖藕，观飞鸟，尝鱼鲜。难怪古人感慨，武昌城山水相依，"水乡风情，秦淮不及"。

道家追求道法自然、上善若水，又因为楚国是道家老子的故乡，道教选择在武汉这个两江交汇的风水宝地设观，理所当然。武昌长春观的地理位置在山水之间，得天独厚。

（三）老子传说：长松之岛、双峰之山、湖港之乡

武昌长春观的渊源，最早可以追溯到老子及其弟子所到的松岛、湖港。

李理安编纂、周启志点校的《长春观志》（武汉出版社 2019 年版）有如下记载：

> 入长松之岛、双峰之山、湖港之乡，即江夏焉。施教设先农坛、神祇坛，故考邑志图在东门之外。几阅沧桑，古迹不改，可谓异矣。降及后世，历秦汉唐宋，附有老子之宫，迭奉敕建。

松岛是水中小岛，与凡人俗世若即若离，可使人远离烦恼，处于物我两忘境地，逍遥自在。松，是长寿的象征，是修道成仙之人的追求。而山林、湖滨之地，生态良好，生物种类众多，生机勃勃。

老子是楚国人，云游四方，传播道法，可能来过武昌。当地老百姓

长春观内的双峰门

长春观内的松岛门

长春观山门

有浓郁的、朴素的道家情怀,设立先农坛、神祇坛,敬天法祖,祭祀神农,祈求风调雨顺、国泰民安。老百姓的需要和老子追求的宇宙本源、生命哲学完全吻合。

人们建老子宫以示纪念。武昌城内的老百姓,在城墙上或者出大东门即可看到旭日东升,若紫气东来,更是吉祥之兆。在此建设道观,方向、位置选择非常高明。武昌长春观正门两边分别写着"玄境""妙门",与老子《道德经》第一章的一句话有关:"玄之又玄,众妙之门。"这句话意思是说,它不是一般的玄妙、深奥,而是玄妙又玄妙、深远又深远,是宇宙天地万物奥妙的总门。

长春观山石古树

武汉双峰山，山林苍翠，绵延不绝。长春观，不仅是一处道教修身养性、崇拜神仙的宗教活动场所，也是一处风景清幽、建筑典雅的游览胜地，吸引了大量游客前来观光。黄金先生在《武汉市道教建筑形式与营造探析——以长春观为例》一文中强调："就道观所处环境特点来看，双峰山之东为珞珈山、洪山，以西为龟山，青山妩媚，山势绵延，起伏不定，涔涔清泉蜿蜒曲折，是一处风水绝佳之地。就微观环境而言，双峰山修竹茂密，数道溪流沿着山势蜿蜒下流，是一处绝佳的清修之地。"

（四）道教信仰，几度兴盛

荆楚乃道家故乡，古代的湖北道教信仰兴盛。十堰的武当山、麻城的五脑山、黄陂的木兰山等地，都是赫赫有名的道教圣地。荆州也有三观（玄妙观、太晖观、开元观）。即使在人迹罕至的乡野地带，也经常可以见到小道观。

长春观为武汉中心城区最大的道教道场。过去的长春观到底有多大，至今难以查到准确记载。民国初年，长春观曾"置荒田千亩"，"道士力田"（自食其力，有田地耕种）。邓学林在其撰写的《看白云黄鹤忆长春古观——荆楚名刹古观之长春观》一文中指出："历史上的长春观十分庞大，东起卓刀泉，南含宾阳门，北盖白鹤观，西连黄鹤楼。数十平方公里皆有其宫观。"

长春观的田产主要分布在武昌余家桥、卓刀泉、安家桥等地，在江夏还有近百里地的法泗洲，在江西庐山避暑胜地也建立了白云观作为下院。这些田产有的是道观长期积累下来的，有的是信士和资助者捐助的。

余家桥田地距离长春观比较近，在今武昌周家大湾余家湖村，由刘维桢、刘聘卿父子出资捐献。长春观置余家湖山庄，得地一段，面湖朝山，有藕塘百八十亩，旱田数十亩。

法泗洲的五百亩荒地远离长春观，位于今天武汉市江夏区法泗镇。这是由胡英初（即胡寅初）善士出资五百大洋买下捐给长春观的，这事在《长春观志》里有记载。

相传，法泗洲在隋代以前是一片湖泊沼泽，人烟稀少，三面环水。金水河携斧头湖、鲁湖之水从镇西而过，并在此拐了一个"之"字形的弯，冲积形成水中之洲。由金口驶往嘉鱼、咸宁、蒲圻等地的船只经过此洲，靠岸停船，形成惯例，并取流水如泗，谓之法泗洲。清同治八年《江夏县志》记载，法泗洲为大镇之一。法泗洲周围湖泊众多，又有金水河的水运交通，是有名的鱼米之乡，盛产的桂子米远近闻名，航运非常发达。

长春观在武昌卓刀泉的东湖边、忠孝门外的安家桥及洪山等地，都拥有自己的田产。这些田产均设有庄主，由道士充任。庄主负责管理田产，并有一定任职年限。李理安修志时，余家桥庄主为刘理航，由山东青岛出家；法泗洲庄主为华大师，由武当山磨针井出家；卓刀泉东湖庄主姓凌，由四川出家；安家桥庄主姓陈，由蕲水出家。

其实，武汉的道教繁荣之时，并非只有长春观一个道观。武汉历史上，有道教四大丛林（长春观、武当宫、大道观、元妙观），遍布武汉三镇。在此顺便介绍一下已经消失了的武当宫（武昌）、大道观（汉口）、元妙观（汉阳）。

❶ **武当宫**

武当宫是武汉道教四大丛林中唯一以"宫"命名的道教圣地，与长春观、灵瑞道院并称为武汉全真道"三鼎甲"。据《大岳太和山纪略》载，湖北著名的道教洞天福地武当山，不仅自然景色秀丽，而且有许多道士在此传教。1275年（元至元十二年）武当山道长鲁大宥由北方访全真道回归故里后，与汪真常在武当山传全真道法，度弟子百余人。素有"五里一庵十里宫，丹墙翠瓦望玲珑"之誉的武当山，殿宇大多受明成祖朱棣敕额，亦多以宫命名。相传鲁大宥的弟子来到武昌黄鹄山麓，建造了武当山的行院，得名武当宫。

武当宫历来受到官方的垂青。包含着古代社会宗教意识与民族文化的道教，追求的最高理想是修道成仙、长生不死。武当宫的历任住持刘嗣授、江宗善等，不仅重乐、贵术，好养生之道，且精通中医、中药，有很高的知名度。希望得道成仙、消极虚静、超脱自在、不为物累的达官显贵们，便主动与道教结缘，支持大修宫观，以求长生不死。

武当宫曾多次修建。明代撰修的《寰宇通志》载，武当宫原建于武昌平湖门内，在古黄鹤楼附近。洪武初年（1368年）续建，明正统十年（1445年）重修，清康熙十二年（1673年）又进行了大规模重建，并立有"重建武当宫碑"。清光绪初年（1875年），官府又将宫"移建学府宫西"，最后移建到武昌府的城隍庙所在地。

武昌蛇山环抱的武当宫，殿宇依山而建，杉榆松桧遮天蔽日，石桥假山百折透迤，历来被认为是"乾坤秀萃之所，神灵之宅"。武当宫殿宇坐北朝南，山门正对南天门。山门双壁书有一米见方的"龙虎"二字，雄浑粗犷，挺拔遒劲。按道教说法，进入山门即入仙界，山门外属俗界。

武当宫的灵官殿、玉清殿、三皇殿，掩映在绿树之中。每座殿宇前古松参天，四时花卉沿墙栽种。宫内右边，是古天鹅池，传说天鹅曾来此饮水、嬉戏，道童来池中取水时可见天鹅的倒影。天鹅池水甘甜，可以明目清心，可以饮用，还可以制酒。宫内左边，假山错落，古槐葱郁，碑石林立，假山与戒台之间架有一座桥，桥下泉水清澈，苔萍青翠。这里的每一条花径，绿树成荫，可以通达每座殿宇。玉清殿里的神龛，最为精美，有二龙戏珠和双凤朝阳装饰，神龛下是雕刻精巧的石座。神龛上陈设的珍珠彩灯、宝瓶、香鼎等，均为武昌府的要员所赐。每临真武大帝（道教神仙）的诞辰日，这里就举行隆重的纪念活动，钟鼓长鸣，香烟缭绕，磬声悠悠。人们在这种氛围中，宠辱皆忘。

沧海桑田，斗转星移，随着该宫最后的住持柴永仙的仙逝，武当宫也逐渐破败，令人唏嘘不已。今天寻觅老武昌古迹，伫立于武当宫的旧址，触景生情，只留下空空的回忆和遥远的遐想。

❷ 大道观

大道观位于汉口利济路，距离赫赫有名的商业街汉正街不远。相传道教的三十六洞天、七十二福地，皆仙人居处游憩之地，信奉道教的潜隐默修之士，无不喜欢遁居幽静之林，而大道观设在人口稠密的商业闹市之中，别具一格。

大道观所在地原是一个水塘，塘边有一供人祈祷风调雨顺的玉皇亭，是大道观的最早来源。清道光年间，玉皇亭扩建为一庙，取名玉皇阁。清光绪十一年（1885年），住庙道人李敏无力主持，遂将庙产全部捐给道友杜圆椿。庙产属道教徒，资产共有共享，凡是道友皆有挂单居住的权利。民国初年，长春观监院侯永德发起募化，委派知客裴至德前来主持督建。重建后的大道观，规模大大超过从前，总占地面积1632平方米，建筑面积2461平方米，共有殿宇、客房、堂库7栋。为适应汉口商业街区寸土寸金的状况，大道观的殿宇大都充分利用空间，灵官殿和玉皇阁设计为上下两层，还在临街开设有9个铺面，以供商业经营。商业中心得天独厚的环境，加上商界信众的大力支持，大道观在民国年间香火甚旺，经忏收入较多，常住道众多达70人，远近闻名。[①]

[①] 严昌洪等：《武汉掌故》，武汉出版社，2000年，第130页。

大道观的经忏活动，著称于武汉道教丛林。1945—1950年间，大道观的经忏活动最为兴盛，每年半月以上的经忏法事多达十几次，小型焰口、斋醮几乎天天不断。特别是尹景山任高功时，大道观的经忏法事更为频繁。尹高功浓眉大眼，气宇轩昂，身材魁梧，体力过人。尤其是他咏诵辞章时抑扬顿挫，韵调行腔时而婉转，时而铿锵，使得场下的信众如痴如醉。所以，汉口的大商富户做法事，都乐意请他主持，甚至排队专等他做。

每年农历正月初九，大道观都要举行规模盛大的"玉皇会"。按道教说法，昊天玉皇大帝尽管有四御（四大天帝）佐理天上地下、天道运行的事务，但每年正月初九，他仍然要降圣下界，亲自出巡视察下界的情况，考察众生道俗的善恶良莠，以便赏善罚恶。在这一天，大道观要举行隆重的法事，迎接玉皇大帝的法驾降临，全体道众跪在玉皇阁前，诵经礼忏，祝愿国泰民安，风调雨顺，五谷丰登，山门鼎盛，香火绵延。施主香客也拥进道观敬香还愿，以求岁岁平安，丰衣足食。

新中国成立后，武汉市道教联合会筹备委员会于1950年2月16日在汉口利济路大道观正式成立。会议通过了筹委会的组织章程，以团结武汉市道教徒在人民政府领导下，从事劳动生产，参加建设事业为宗旨。可惜的是，1952年住持裴至德仙逝后，观内住持由于长期空缺，更由于道士们纷纷放弃经忏职业，兴盛一百多年的大道观至此结束。

近年来，在武昌东湖恢复建造了大道观，为传播道教提供了新道场。

❸ 元妙观

古老的汉阳，到处都有名胜古迹。在这众多的胜迹之中，有一处曲径通幽之地，便是格局独具匠心的元妙观。明都御史吴廷用曾游此观，并作诗云：

> 玄妙仙宫汉水边，参差台阁翠微连。
> 平临北斗腾丹气，下瞰南溟霭碧烟。
> 缥缈凤麟环太乙，森严龙虎秘真诠。
> 长生欲访安期诀，云散瑶空月满川。

元妙观始建于汉阳县治东边，创建以来受到历代统治者的青睐。南宋理宗淳祐年间，当地官府委托中妙真人叶靖庵重新修建，元末毁于兵燹。明洪武初年（1368年）赵廷兰任县令时，该观移至城西。明洪武十六年（1383年），"楚昭王有疾"，官府"大修境内名地"。此间，元妙观在荆州江陵副都纪王智明道长的主持下，进行了规模空前的扩建与修葺，从此"殿庑门阁皆精丽"。明永乐年间，汉阳府管理道教事务的地方衙门道纪司设于观内，著名道士韩明善曾在道纪司任职。清嘉靖年间，汉阳知府刘汝松更是元妙观的常客，在一次醉酒之后当即挥毫作诗，颇有诗情画意：

> 为访谈玄处，岩扉碧藓重。
> 雨篱深薜荔，露井落芙蓉。
> 醒酒常凭石，开云独种松。
> 晚登尤胜绝，江上有青峰。

元妙观自宋代以来就与帝王密切相关。据史料记载，元妙观在武汉地区道教开山最早，多经帝王敕额命名，也正由于帝王的青睐，元妙观随着帝王的更迭曾经三易其名。宋乾德五年（967年），王修创立道观，到了宋真宗，赐名"天庆"。元皇庆元年（1312年），改名为"玄妙"。清康熙年间，又因避讳康熙帝名（玄烨），更名为"元妙"。元妙观宗胜道人对此感慨万千："出家人虽心在方外，但身躯、宫观却离不开方内。"

元妙观的建筑风格，在武汉地区的道教宫观中别具一格。从龟山之巅俯视，整座观宇平面呈葫芦形；九宫八卦的格局，九宫八面，八卦九角，令人痴迷。每一个宫的设置、每一面的布局，都凝聚着建筑者的智慧，都包含一个美妙的传说。

第一宫是红墙碧瓦的灵官殿，内供奉道教大神王灵官。他是宋徽宗十分崇敬的林灵素之弟子，为人耿直，道教请其镇守山门。这里还供奉青龙、白虎、玄武、朱雀四方之神，按金、木、水、火、土五方形排列，蕴含生天生地、生人生物、生生不已的意义，象征长生根本，以壮威仪。

第二宫是三清殿，供奉玉清元始天尊、上清灵宝天尊、太清道德天尊，取"老子一气化三清"之意。

第三宫是丘祖殿，供奉长春真人丘处机。

第四宫是吕祖殿，供奉道教北五祖之一的纯阳帝君吕洞宾。

第五宫是玉皇殿，供奉玉皇大帝。

第六宫是雷祖殿，供奉司理风雷电的雷公电母。

第七宫是文昌殿，供奉文昌帝君。

第八宫是三官殿，供奉天官、地官、水官。道教认为，天官赐福，地官赦罪，水官解厄。

第九宫是大士阁，供奉慈航道人。

元妙观内，林木遮天蔽日，让人流连忘返。大殿后有一棵百年榆树，树下葬有开山祖师通灵道长王修。明朝诗人赵弼曾伫立榆树下，吟

武汉新洲区圆通宫山门　　武汉新洲区天福宫大门

诗赞颂元妙仙宫的夺目光彩：

> 崔嵬楼阁倚晴空，昔有真人伏虎龙。
> 一点红尘飞不到，丹房常被白云封。

可惜，武汉三镇的四大道观，由于各种各样的原因，现在只有长春观存在，而东湖的大道观是新建的。

现在，武汉周边的道教宫观仍然不少。我们前几年曾经做过寻访，主要有葛店的清修观、福兴观、聚善观，新洲（现为武汉市区域）的圆通宫、天福宫、得云观。这些小道观的存在，表明道教信仰在这一带仍受欢迎。

二、城市还绿，丛林境地

武昌长春观依山而建，殿宇左右呼应，雕梁画栋，斗拱檐廊，上下协调，错落有致，体现出独特的魅力，堪称道家文化的经典建筑。双峰山麓，一花、一草、一木，与古色古香的建筑交相辉映、相得益彰。道观内香烟缭绕，香客云集，大都是来祈愿的。自然和人文在此完美融合，让人感悟道家的智慧。

（一）古树参天，环境安静

武昌长春观内古树众多，景色优美，观内的珊瑚朴已经被武汉市列为古树名木加以保护。

银杏在秋天是一大景观。它的观赏期十分短暂，最佳观赏期为每年11月初至12月初。只要天气转凉，扇形叶片就开始随风飘落，撒在屋檐上或者铺在地面。因此，追寻转瞬即逝的美，时间点尤其重要。和其他地方的银杏相比，长春观的银杏虽然不成片，却饱含历史的味道：它远离喧嚣，静静地陪伴着这座古观，别有风味。长春观金灿灿的银杏叶为萧瑟的初冬平添了不少色彩。

长春观的银杏树　　　　　　长春观古树参天

长春观鲜花盛开

  三国时期，长春观所处位置是一片茂密的竹林，被称为"紫竹岭"。"二十四孝"中孟宗哭竹生笋的故事就发生在长春观附近。长春观东院有孟宗祠，是纪念此事的。

  长春观的白鹤井，泉水甘冽，远近闻名，道人、游客均可饮用。这里草木旺盛，生机勃勃，充满生命活力。

  长春观可谓闹中取静。阳光透过片片树叶，照射在古色古香的红墙黛瓦上，那般美丽，只有身临其境者才能感受到。长春观地处闹市，却守着一份安静和淡然，绝对是游客静思的好地方。长春观离黄鹤楼不远，离武昌火车站也很近。

长春观各种各样的圆门

(二)古建群落,圆门环扣

武汉长春观的道教建筑富有特色,其中的圆门非常之多,令人印象深刻。

(三)周边还绿,锦上添花

武汉市曾启动城市绿化工程,长春观周边与蛇山还绿,效果明显。2016年1月24日,长春观城隍庙正式对外开放。城隍殿现已成为礼拜、祭祀、祈福消灾的新型宗教活动场所。

武昌长春观,今在武昌区闹市中,大隐于市。无论是在自然之中,还是在人群之中,都符合道法自然、超凡脱俗的道家思想。观内山林苍翠,一片幽静,与墙外喧嚣的市井生活相比,自成一个世界,在这里修身养性,抱朴归真,不亦乐乎。

第二节　诗词楹联　引人入胜

长春观的传说和故事扑朔迷离。各地文人雅士和香客前来长春观，或被约请题词，或自己感悟，抒发诗情画意，感叹宇宙奇妙。观内的诗词、对联言简意赅，对长春观的见闻、思索，浓缩在字里行间。这些为古色古香的道观留下了"文学范"。长春观的美妙和厚重的文化，可去现场亲身体验。

长春观内景

一、诗词描写长春景致

（一）景色迷人，建筑杰作

作者们的诗词作品字里行间体现出对长春观美景的赞叹，对世外桃源的向往。一般老百姓到长春观旅游，吸引他们的是长春观的自然美景和神仙传说。长春观建筑依山就势，曲径通幽，美景如画，使人们流连忘返。大量诗词形象地再现了长春观的面貌，给众多旅游者留下了深刻印象。

山水环绕的长春观，是修道、散心的好地方，让人心向往之。下面几首诗词就是对长春观景色的赞扬。

长春观外随笔
佚名

江依水势伴城绕，人随心镜印身老。
春风未识旧时燕，唯有落梅送归巢。

七绝·武汉游长春观
佚名

红墙黛瓦砖雕嵌，丘祖修传庙有名。
举目财神齐聚此，方知世上信徒争。

无题
佚名

长春观外筑红墙，会仙桥上起高堂。
吕祖甲子左右拥，七真之巅居三皇。

忽闻笛声侧傍出，绵延婉转且悠扬。
循声闻笛巷口坐，远馨入肺正风凉。
一条幽径两屋高，半块红帘遮小窗。
此曲原是宫廷调，何人吹奏在此厢？
黄鹄山顶声犹盘，余音处处绕画梁。
渐随风去入云天，化作雨飘落大江。
中庭欲寻吹笛人，原是黑衣少年郎。
云自姓陈不告名，起身回屋无声响。
此时我觉身卑贱，脸带俗相居凡乡。
只羡仙长伴箫笛，日日丹霞送夕阳。

（二）道家思想，慈悲情怀

长春观作为道观，信奉道法自然、返璞归真、逍遥自在。与此有关的诗词举例如下：

六绝·长春观
佚名

处子难逃一老，真人谁可长春？
浮世功名粪土，千秋道德精神。

无题
佚名

无欲无争把素斋，老庄原不恋钱财。
大东门外长春观，滚滚红尘扑面来。

长春观举办罗天大醮

吴诚真

紫气东来长春观，九坛齐设神殿中。
玄风丕振祥瑞现，十方天地日月明。
祈祷民安风雨顺，纳醮清斋心力同。
彩旗飘扬真道显，钟鼓齐奏籁音鸣。
高功登坛宣妙法，保佑众生得太平。

历史上战乱、灾荒屡屡发生，长春观也曾遭受战火，建筑被毁，生灵涂炭。太平天国起义军三次进攻武昌，长春观作为兵家必争之地和道教场所，与武昌百姓一起经历了被摧残的命运。清王朝在湖北督办军务的钦差大臣官文，看到宫观残垣断壁，作了七律诗《观焚》：

古观焚如岁月迁，问谁火里种青莲。
春风料峭双峰树，郁气氤氲万缕烟。
每意沧桑增阅历，欲寻洞府学神仙。
有缘到此空休返，且上回头普渡船。

（三）战斗英雄，可歌可泣

长春观是武昌城外的制高点，与城墙高度几乎齐平，军事活动非常频繁。1926年邓演达在北伐军到达武汉后，参与指挥攻城作战。1926年9月3日凌晨发起攻击，大东门、小东门、通湘门、平湖门、草湖门、保安门等处都有激烈战斗。邓演达亲临前沿阵地，欲将敌军引出城外歼灭。6日凌晨，北伐军发起第二次进攻武昌城的战斗，对武昌六道城门发动进攻，邓演达再次亲临前线督战，他的战马被打死，他自己差一点受伤。北伐军总政治部顾问铁罗尼的翻译、共产党员纪德甫在长春观内不幸中弹牺牲。邓演达对战友的牺牲深为悲痛,他从前沿阵地给北伐军总政治部秘书长郭沫若写信说:"德甫同志于今晨正七时阵亡于宾阳门外长春观内,哀痛至极,后事望兄从厚料理。"在纪德甫的追悼会上,邓演达代表北伐军总政治部全体人员致悼词,沉痛地报告了纪德甫阵亡时的情况。在这次攻城战斗中,北伐军敢死队从三面攀登城墙,但因敌军火力猛烈,登城未能成功。在两次攻城战斗中,北伐军伤亡达2000多人。

1926年10月,进攻武昌城时牺牲的北伐军第四军独立团第一营营长、攻城敢死队队长曹渊(安徽寿县人)等191位烈士,长眠于武昌洪山南麓。墓碑上镌"精神不死"四个大字,墓四周环以垣墙,墙内松柏成林,挺拔苍翠,象征烈士浩气长存。

武昌城被攻克之后,1926年10月18日,邓演达在武昌召开善后会议,决定先由总部支出5万银元救济难民。10月25日,由北伐军总政治部召集举行一次武昌军民联欢大会。

武昌北伐军攻城,长春观是城外军事指挥部,城内炮火集中攻击长春观,战事非常惨烈。这段故事历史记载非常多,本书后面还会涉及。

(四)道长功劳,不可磨灭

作诗赞扬一个人的功德,留下这个人的历史美名,自古皆然。侯永德道长20世纪30年代在复兴长春观的过程中贡献多多,他广结善缘,与武汉政界、军界、商界、文化界、普通老百姓与难民等经常往来。侯永德道长的神秘背景引人关注,但他在武汉长春观之前的经历没有历史记载,我们与他的老家河南汝州研究地方历史文化的学者杨占营先生联系,多方查找,得知汝州历史上有长春观、清溪观,都尊奉丘处机,并且在汝州长春观附近有侯寨、侯家沟，似乎与侯永德道长出家修道有关系。1936年武汉江夏人濮智诠写《利济行》一诗，特别指出长春观住持侯永德主观十余年，修桥补路，施药施茶，育孤儿，置义冢，凡属善举，力所能及者，都积极投入。侯道长四出募化，历经寒暑，难能可贵。武汉上流社会皆乐与之游，普通百姓亦鲜不知侯道人，各界都钦佩侯道长的苦行利济精神，这是史无前例、非常令人钦佩的。《利济行》诗如下：

> 长春观主侯道人，□① 然不自有其身。
> 我问道人胡苦辛，朝奔暮走风与尘。
> 人谓道人慈且仁，满腔热血满腔春。
> 不讽黄庭玉轴经，不烧丹汞慕飞升。
> 不规禹步参天真，道其所道道所存。
> 治路不平桥塞堙，施医施药济贫民。
> 孤儿收养木欣欣，百年树人灌溉勤。
> 尔悲枯骨委菅榛，云房起视熹微晨。
> 出门不用车两轮，搜骼拾胔掩以窀。
> 前年洪波漂四邻，道人赤脚立江津。
> 往东无数活穷鳞，洛阳以下大江渍。
> 道人之名孰不闻，道人何术石点金。
> 发囊动需千万缗，笑眼化缘人可嗔。
> 百年一日志不纷，四体勤于农夫耘。
> 卓哉苦行钦鬼神，得之方外惭冠巾。

---

① 原文空白。见李理安编纂的《长春观志》，武汉出版社，2019年，第454页。

清风两袖福人群，宣扬尔教元化甄。
楚山峨峨水粼粼，道人謦欬少所亲。
宾秋如是为我云，乃以俚词述古芬。
穹窿无尽功德垠，宾秋试书镌诸珉。
岂曰联结香火因，后谁继者薪传薪。

二、楹联彰显道家精神

长春观的对联众多，在武汉赫赫有名。突出现象有两个，一是题写者多为佚名，二是书写时间大多没有记录。这一方面是因为历史沧桑巨变所致，另一方面是无名、无始、无终，这一点特别符合道家的无我、忘我精神。长春观附近的黄鹤楼是江南三大名楼（另外两座是岳阳楼、滕王阁）之一，对联众多，姓名流芳，还正式出版了《黄鹤楼楹联集》。其实，长春观若是收集其古今对联，肯定能够编写成一本厚厚的《长春观楹联集》。最近几年，湖北武汉楹联学会的活动得到长春观的大力支持，相关人员正在着手这一工作。

长春观的楹联大致可以做如下分类：

（一）山门与总体印象

道脉传真源太上；
元玄混一是长春。

湖北大学教授　罗炽

黄鹤飞来，随带松花薰道院；
白云归去，故留明月照丹台。

佚名题长春观山门

仙峰有观诚作径；

长春无瑕善为真。

　　　　　　　　　夏艺寿题武汉长春观

（二）太清殿的楹联

柱下玄风，炼丹灶古无为境；

关中紫气，问礼堂高有道书。

　　　　　　　　　佚名题长春观太清殿外侧门柱联

道德一尊，天理永昭日月；

纷尘三鉴，含灵恒仰玄门。

　　　　　　　　　佚名题长春观太清殿内侧门柱联

金殿屹双峰，焕杰阁腾辉，瑶草芳菲天不老；

世民崇太上，有邱仙布道，琼花璀璨地长春。

　　　　　　　　　佚名题长春观太清殿大门内侧廊柱联

功德在人间，乾元资始，品物流门，柱下函关原一气；

虚灵是道体，梵相有为，悉珠尽挹，降生说法见三清。

　　　　　　　　　佚名题武汉长春观太清殿

自老子创教于前，盛誉五洲传，永扬大道；

从丘祖设坛而后，丛林千载著，尽仰长春。

　　　　　　　　　佚名题长春观太清殿大门外侧廊柱联

太乙隐玄机，对混沌初开，鸿蒙新辟，谁使乾坤旋日月；
清平成达道，看洪荒剖判，人伦始肇，自然元气运阴阳。

湖北大学教授　罗炽

（三）七真殿的楹联

一脉始重阳，老子经坛传圣典，
千秋宏大道，吕仙真诀授玄机。

锦上添花，道德经帮修大德，
闹中取静，七真殿助炼全真。

（四）吕祖殿的楹联

修心何论坐相卧相立相；
炼性唯心诗仙酒仙剑仙。

（五）老子祠的楹联

天下名山僧占多，还须留一二奇峰，栖吾道友；
世上好话佛说尽，又谁知五千妙论，书自尊师。

李渔题武汉老子祠

三、藏书引来众多学者

长春观内珍藏之全套明版《正统道藏》，是当时全国仅有的四部之一。因为收藏甚少，特别珍贵，许多学者慕名而来，希望目睹这部珍贵书籍，著名音韵学者钱大昕先生就是其中之一。据《长春观志》记载，钱大昕先生在清乾隆三十九年（1774年）来长春观查阅《正统道藏》，在来成楼写下了《三洞璇华序》。由于资料珍贵，激发了他的思索，他感悟很多。他描写的道家境界，如下几句可以窥豹一斑："青城白水，传落人间。乃有丹转流珠，书探隐景；芝餐洞鼻，道悟琴心。"

长春观敞开了博大的胸怀，接纳了前来查阅《正统道藏》的各地学者。这与该观的历任监院、方丈广结善缘是分不开的。清代来长春观阅藏查经之人络绎不绝，都称赞监院朱合真交结甚广，慈悲大度。

清末文史专家王葆心（1869—1944年）是湖北罗田人，曾任湖北国学馆馆长、湖北通志馆筹备处主任、《湖北通志》总纂。他对武汉三镇历史文化了如指掌，指出太平军对武昌城的破坏程度远远超过对当时金陵的破坏。1930年，王葆心受邀写下碑文《长春观善信功德记》，概述了长春观的来龙去脉，认为其地点在武昌大东门外，其历史和老子、丘处机有关，其当时的维修和官文捐款息息相关。他还鼓励人们多做好事，维修道观，保护文化遗产。

第二章
长春观的建筑

　　长春观的建筑多为中国传统风格，依山就势，错落有致。在这里，自然景色和人文历史相得益彰。漫步在长春观，长春山的自然景色映入眼帘。拾阶而上，曲径通幽，山石、楼阁、亭台、树木、花草等相映成

长春观山门

趣。在依山而建的道藏阁一楼，我们看到一房间被山石占据了大半空间，这把道家尊重自然的理念落到了实处。长春观将人与自然和谐相处的观念发挥到了极致，实乃天人合一的至高境界。返璞归真的修身之法，上善若水、柔弱不争的为人品质，清心寡欲、自然而为的处世之道……这些充满智慧、历久弥新的思想，让人从心底佩服中国道教文化

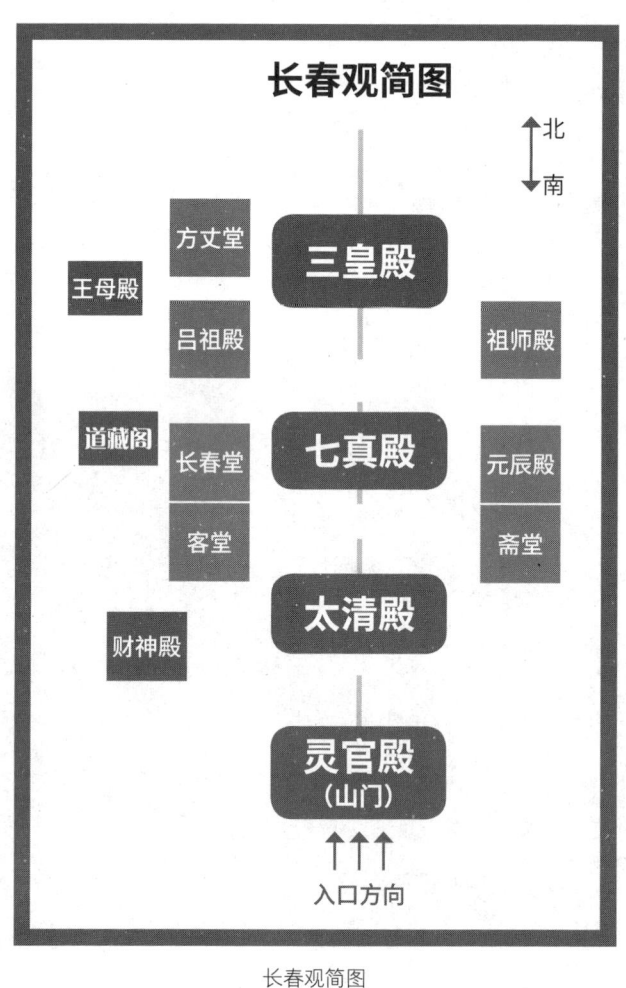

长春观简图

的神秘、睿智与玄妙。来长春观，仔细感受建筑艺术，品味道教文化，令人回味无穷。

第一节　东路建筑

一、斗姥殿

斗姥殿，亦称斗母殿，殿内正中供奉斗姥元君（为北斗众星之母），四周环列六十甲子神。

又说斗姥有圣嗣九皇，上应天上九星。斗姥掌日月以调理阴阳，执弧矢以救劫消灾，振法铃以济人度鬼，保命延生。

长春观斗姥殿

二、文昌殿

文昌殿供奉道教神仙系统中地位较高的文昌帝君。文昌帝君又称文曲星,是中国民间和道教所信奉的掌管士人功名、禄位之神。古人认为他是主持文运功名的星宿,读书人往往朝拜文昌帝君,祈求科举高中、仕途平坦。

三、斋堂

斋堂包括为道人服务的斋堂和为公众服务的素菜馆。

道人吃斋,集中在斋堂,用斋时间在一小时以内。道人斋前须凝神静气,莫言莫思,精神专注。在传戒期间,斋堂规矩是最严格的,左饭右菜,不能响堂,用斋前要念供养咒,斋毕要念结斋咒,戒子们规规矩矩排队入斋房。道人们恪守道家简单朴素的观念,就餐时俭省节约,不浪费粮食。

长春观的菜品,通常是用植物油、蔬菜、豆制品、面筋、竹笋、菌类、藻类和干鲜果品等原料烹制的,其特点是以时鲜为主,选料考究,品种繁多,风味别致。

长春观素菜馆是典型的寺庙道观风格,馆里的素菜将传统中医的养生精髓深藏在饮食之中。从食材的选用到烹制,每一道环节都很讲究,让食客吃出健康。比如蔬菜采用的是新鲜、无公害绿色蔬菜,非常有营养,再加上素菜馆幽雅的环境,十分值得来此体验。再如,"五香牛肉"这道菜,是采用豆制品制作而成的,只是做成了牛肉的样子,闻起来非常香,吃起来非常嫩。

长春观素菜馆博采南北道派之所长,整理发掘鲜为人知的珍品,坚持现代素食和传统美食的融合与创新,一丝不苟地选料、配方,使传统素菜拥有现代滋味。其花样繁多的美味素食,让素食爱好者赞不绝口。

长春观斋堂

嚼素尝斋好雅兴，养心修德似神仙。中国饮食文化源远流长，素菜是其中一个重要组成部分。随着吃出健康的养生观念深入人心，有越来越多的人爱上了素食。素食体现着一份寻求本真、回归自然和健康养生的情怀和理念。适当吃素，除了能获取均衡的营养外，还能获得心灵的平和。

第二节　中路建筑

一、灵官殿与太清殿

灵官殿为长春观山门，坐北朝南，红墙黛瓦，额嵌砖雕，为牌楼式殿面，洞开三门。殿内正中供奉王灵官像，两侧供奉青龙、白虎、朱

灵官殿门楣上书"上德若谷""和光同尘"

雀、玄武四大护法元帅。王灵官为道教护法神，手持钢鞭，三目怒视，镇守道观山门。王灵官额上火眼金睛，能辨识真伪，察看善恶。他司天上人间纠察之职，统领百万天将神兵，镇妖伏魔，被玉皇大帝封为"都天纠察豁落先天主将"。老百姓赞他"三眼能观天下事，一鞭惊醒世间人"，民间还流传"上山不上山，先拜王灵官"等俗语。

灵官殿背墙的两个门楣上，有出自《道德经》的名言"上德若谷""和光同尘"。"上德若谷"，形容具有崇高道德的人胸怀如同山谷一样深广，可以容纳一切。"和光同尘"，指不露锋芒、与世无争的平和处世方法，是道家无为而治思想的体现。

太清殿建筑风格为重檐歇山，宝瓶压脊，翘角舒翼，雕梁彩绘。殿内正中供奉道祖太上老君——道德天尊。左奉文始先生关尹子，右奉

太清殿香客不断

南华真人庄子。太上之道，放之则弥六合，卷之则退藏于密，退藏于密者，清净自然之修也，包罗万象。老子的《道德经》为万古明灯，大无不包，细无不微。老君圣号甚多，有太上道祖、无极老祖、三清道祖、道德天尊等等，与庄子合称"老庄"，与黄帝合称"黄老"，其道德义理为道教之基石。

太清殿内有四幅壁画，分别为老子出关图、老子讲经图、孔子问礼图与老子炼丹图，完整阐释了道教创教义理。

二、会仙桥

会仙桥的寓意，或为众神仙相会，或为神仙下凡与民间人士相会。桥梁建筑精美，为坚固的大理石构成。桥洞内摆设了众多神仙塑像，默默地关注着来往的人们。桥基上镌刻着"地步天机"四个大字，给予善男信女、香客游人以无限的想象。

会仙桥洞

会仙桥整体

桥基上刻"地步天机"四字

三、七真殿与三皇殿

七真殿内供奉道教全真派创始人王重阳祖师的七位弟子,分别是全真龙门派祖师丘处机真人、遇仙派祖师马丹阳真人、南无派祖师谭处端真人、随山派祖师刘处玄真人、嵛山派祖师王处一真人、华山派祖师郝大通真人、清净派祖师孙不二元君真人。其中,丘处机真人在王重阳祖师的基础上,开坛衍教,弘扬道法,发展和完善了全真义理。至今,全真教仍以龙门派为盛。

武昌长春观,据传是由丘处机真人或其弟子所建。明代刘侗、于奕正撰的《帝京景物略》记载:"相传是日(正月十九),真人必来,或化冠绅,或化游仕冶女,或化乞丐。故羽士十百,结圜松下,冀幸一遇之。"这一天谁有幸遇上长春真人,就能祛除百病,延年益寿。按照传

长春观壁画中的长春七子

统，武昌长春观每年都会在这一天举行科仪法会，来纪念丘祖圣诞（也称"燕九节"，后文有详细介绍）。纪念丘祖诞辰的法事在七真殿举行。这是道观中最重要的斋醮活动之一。

三皇殿的楼阁式殿宇，位于长春观最高处，殿内供奉华夏人文始祖伏羲、神农、轩辕（三皇），左奉财神，右奉慈航道人。楼上为玉皇阁，尊奉玉皇大帝。

伏羲，洞察万物阴阳生克制化之理，画先天八卦。

神农，又称炎帝，即火神，种食五谷，尝百草。他与黄帝一道，为中华民族人文始祖。

轩辕，又称黄帝，为中华民族人文始祖。他推测历法，教人兴文字，作干支，创医学。

长春观七真殿

长春观三皇殿

第三节　西路建筑

一、财神殿与王母殿

财神殿内正中供奉五路财神（有不同说法），两侧供奉福神、禄神、寿神、喜神。每年正月初五为财神庙会，传说上述各路神仙降临人间，赐福众生。

文财神比干，就是被商纣王剖心而死的王叔，被誉为"亘古第一忠臣"，后人尊其为"国神"。

武财神赵公明，据传他于秦代出生，是一位经商奇才，经商理念以诚信为本。他聪颖勤劳，聚财有方；慈善爱民，仗义济困。古人在感悟赵公明的财富文化时，逐步将赵公明神化。后来老百姓越传越神，

长春观财神殿

说赵公明是"日之精",并将其编入"后羿射日"的故事中:上古时,天上现十日,尧命羿射九日,八日落入青城之内为鬼王,发病害人,唯一日幻化成人,骑黑虎,执银鞭,隐居蜀中,乃赵公明也。

另有武财神关羽,被尊为关圣帝君。传说关羽管过兵马站,长于算数,而且讲信用、重义气,故为商家所崇祀。一般商家以关公为守护神,同时视关公为招财进宝的财神爷。信奉关帝圣君的商家,在正月初五要为关公供上牲醴,鸣放爆竹,烧金纸膜拜,求关圣帝君保佑一年财运亨通。

王母殿供奉九天玄女,她原是中国上古神话中传授兵法的女神,后经道教奉为高阶女仙与术数神,是深谙韬略和法术的正义之神。她经常出现在中国各类古典小说之中,成为扶助英雄、铲恶除暴的应命女仙。她在道教神仙信仰中的地位很重要。

长春观王母殿

二、"三绝"

长春观有闻名于世的"三绝",那就是全国仅存的一块石刻天文图、藏族风格及欧式风格的建筑道藏阁、乾隆皇帝御赐的"甘棠"石刻。

第一绝,天文图碑。

全称为"二十八宿天文图碑",两边为盘龙祥云,中为天图,绘有二十八宿星座,为道教天文学家所留,镶嵌在观内建筑道医馆旁边的墙壁上,由著名道人李理安于1936年重刻,碑高207厘米,宽82厘米,上刻有"谕旨"二字。

据说,新中国成立初期留有三块天文图碑,一块在杭州玉皇山,一块在陕西某观,一块在武昌长春观。现前两块皆毁,仅留长春观这一块

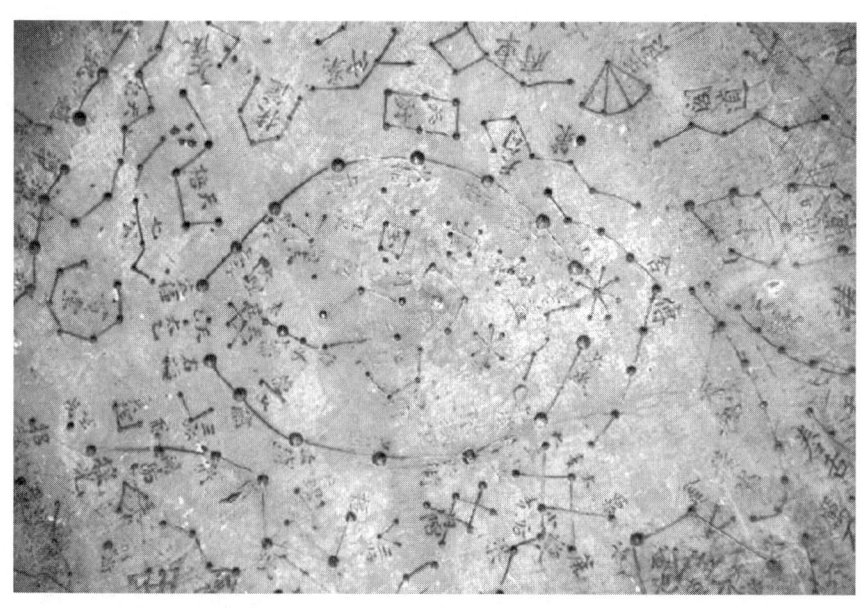

二十八宿天文图碑

全图碑，乃为一绝，是极珍贵的天文学文物。此碑对于研究古代天文学有很高的参考价值。

第二绝，藏族风格及欧式风格的建筑。

长春观的道藏阁，是我国道教带有藏族风格及欧式风格的建筑，据说原因有二：一是清末助建长春观的钦差大臣官文乃满族人，崇信藏传佛教，所用工匠受其影响，将藏族吉祥物大象及藏红花图案装饰于殿堂。二是清末长春观住持侯永德在长春观当监院时，受西方思想影响，以欧式风格和中式风格相结合，修建了全国唯一的以欧式建筑为主体的道教建筑——道藏阁，其屋檐上用水泥堆塑而成的传统花饰堪为一绝。其工艺现已失传。

长春观道藏阁

第三绝，"甘棠"石刻。

乾隆皇帝亲书的"甘棠"二字，也是在道教建筑中为数不多的帝王题词，堪称一绝。在道藏阁的左前方，有一露出的石崖，上面刻有"甘棠"两个字，旁有"乾隆癸巳"时间落款。至于是乾隆亲临道观题写，还是乾隆敕赐，说法不一。

"甘棠"二字寓意深刻，取自《诗经·召南·甘棠》，亦见于《千字文》中"存以甘棠，去而益咏"。甘棠是一种棠梨树。相传西周召伯是一个有名的清官，体察民情，关心百姓，爱民如子。一次，他在巡视南方时，在一棵棠梨树下休息。周围的人都来看望这位德高望重的召伯，以至于后人永远不砍这棵棠梨树，这一事迹即《诗经》上写的"蔽芾甘棠，勿剪勿伐"。后来良吏清官离任时，人们便以"甘棠"赞之。

"甘棠"石刻

三、吕祖殿与精武馆

吕祖殿原来位于武昌黄鹤楼附近，20世纪50年代建设武汉长江大桥时迁到长春观。

吕祖殿供奉道教八仙之一的吕纯阳（吕洞宾）。吕纯阳遇钟离祖师于酒肆，受枕做黄粱梦，醒而悟，遂弃家，随钟离祖师至终南山修道。又受火龙真人天遁剑法，拜苦竹真君，传日月交并之法，后上朝玉皇。其誓愿宏大，行化度人，历显灵异，各地立庙祀之。

长春观吕祖殿

长春观精武馆

　　长春观全真龙门精武馆养生堂，简称精武馆。这里教授形意、太极、八卦之奥理，提倡刻苦钻研，将八卦掌、形意拳、太极拳融会贯通。这里的八卦掌自成一体，走练时见首不见尾，变化莫测，颇有道家风范。

　　道家武术集众家之长，注重武德修为以及对技击的研究。练武非一日之功，非常辛苦，需坚韧毅力，必须冒着严寒酷暑来打磨自己的心性。学习武功，既可以强身健体，又可以锻炼心智，还能够传承祖国的优秀传统文化。

　　武德在此得到重视。道家除了练武以外，还要兼顾德的培养。比如，儿童练武之前背馆训，课程结束时还要齐声背《少年中国说》《清静经》《弟子规》等。同时，上课和下课都有相应礼节，需作揖、鞠躬，并向师傅问好。习武之人，习武先习德，有容才有德。

第四节　建筑特点

长春观的建筑布局合理，富有民族风格，依山就势，处处皆景。

这里的建筑，色彩也有独到的考虑。建筑主要以青灰色屋瓦、暗红色墙体为基调，从中体现出道教清静无为的思想理念。长春观的建筑大致有以下特点。

一、顺应地势，浑然天成

建筑依托自然，体现了道法自然的根本理念。双峰山与蛇山、洪山的自然山林环境和山势，整体上相协调，相呼应。在双峰山内，建筑鳞次栉比，错落有致，立体效果非常突出，彰显了道法自然的非凡智慧。长春观建筑群落形象直观，塑像众多，还有很多壁画，相映成趣，彰显了道教的神秘魅力。

今天的长春观，一片绿色，大隐隐于市，宛如世外桃源，真是修身养性的洞天福地。

二、汉藏欧风，多样荟萃

汉、藏、欧式的建筑风格汇集在双峰山，古今中外兼收并蓄。多样性与统一性结合，杂而不乱，形散而神不散。前面已经有所展示，在此不再赘述。

长春观来成楼

三、细微点缀，超凡脱俗

长春观内的建筑，总体上别出心裁，搭配合理，通过众多的圆门相互联通，形成曲径通幽的美感。追求多种多样，组合神奇，恰到妙处，不落俗套，彰显了道家的宇宙观、世界观、价值观。在细节上，这里的建筑与山石、花草、树木交相辉映，相得益彰。

石雕、木雕在此非常突出，特别集中。石雕、木雕寓意吉祥，精益求精，在当今建筑中难得一见。多雨潮湿的武汉，石雕、木雕相对较少，但长春观的石雕、木雕却出类拔萃。

长春观的碑刻也很有特色，让人赏心悦目，主要有《道德经》碑、建观功德碑、官方保护道观的指示石碑、天文图石碑等。

长春观的门饰件也非常考究，古色古香，寓意多多，耐人寻味。

长春观元辰殿

文昌殿入口

长春观祖堂

长春观方丈堂

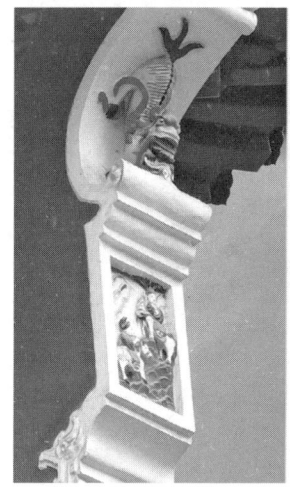

长春观山墙屋檐石雕 　　　　　　长春观山门石雕

长春观护栏石雕 　　　　　　长春观神兽雕

长春观丛谈

长春观吉祥图石雕

吉祥鸟门雕 　　　　　神兽门雕 　　　　　龙门雕左侧

花鸟门雕 　　　　竹石门雕 　　　　桃树门雕

墙壁上的"道德"石刻

长春观丛谈

石碑

龟驮老子碑 　　　　老君东来石雕 　　　　门饰件

四、建筑彰显道教理念

长春观通过建筑布局这种有形的载体，体现无形的道教精神，集中展示了道教众多神仙，引人入胜。

道教神仙谱系复杂，供奉伏羲、神农、轩辕、关圣帝君关羽、玉皇大帝和王母娘娘等。道教认为，神仙既是道的化身，又是得道的楷模。神仙以济世度人为宗旨，故道教徒既信道德，又拜神仙。道教的信仰是"道"，道散则为气，聚则为神，神仙就是道的化身。由于祖先崇拜，三皇五帝为神；由于圣贤崇拜，老子、关羽等也成了神。道教也把各派的创派真人看成神。道教吸收各种原始宗教、民间传说、神话传说，随着时代的发展和传播的需要，神灵愈来愈多，逐渐形成道教的神仙谱系。

长春观内的墙壁石雕、石栏板浮雕（包括麒麟、鹤、梅、兰、竹、菊、寿星等），描绘了神灵对人间的关爱，表达了老百姓对幸福吉祥的向往，堪称杰作，被鲁杰等编写的《中国传统建筑艺术大观》收录。

长春观的中路建筑有灵官殿、太清殿、七真殿、三皇殿等，西部左路建筑有财神殿、道藏阁、客堂、长春堂、吕祖殿、方丈堂、王母殿等，东部右路建筑有斋堂、元辰殿、祖师殿等。观内的这些核心建筑里，都供奉了各显神通的神仙。

武汉的城隍庙，在历史文献中有记载。现在长春观的城隍庙位于长春观西苑原皇城水都地块，于2014年10月开始兴建，2016年1月24日对外开放。城隍庙南门出口，正对一幅镀金的丘祖（丘处机）济世浮雕，体现了后人对长春观创始人丘处机的崇拜和纪念。丘祖济世浮雕旁的一面红墙上，刻有《太上老君说城隍感应消灾集福妙经》。

城隍庙南大门

　　慈航道人普度众生的镀金浮雕，在城隍庙广场耸立。慈航道人，在佛教里被称为"观音菩萨"，是佛道合一的形象。

　　城隍庙外的长墙上，刻有东岳七十六司尊神名字，还有一幅巨大的大理石印刻神像。东岳，即东岳大帝，又称泰山神，作为泰山的化身，是上天与人间沟通的神圣使者，是历代帝王受命于天、治理天下的保护神，是民间宗教信仰之一。在中国最古老的阴阳五行学说中，泰山居东方，是太阳升起的地方，也是万物发祥之地，因此泰山神具有主生、主死的重要职能。东岳本为山神，但在汉代以后渐渐演变成治理阴间的主管神灵，其下属有七十六司（一说有七十二司），即七十六个专职衙门。

城隍庙丘祖济世浮雕

城隍庙慈航普渡浮雕

长春观素菜馆

　　长春观王母殿前开凿瑶池，灌以碧水，饰以幻灯，点缀仙山（池中岸边饰以太湖石和假山），搭配乾道院；前带已经建成碑廊、梦竹春影，左倚道藏阁，后傍三皇殿，为一系列，形成"憩圃煦春"的景观。

　　长春观的东区规划，是改造素菜馆、修建坤道院、开辟临街古肆（与西边现有的古肆相一致，形成两边对称），在东边最高点建长春阁（为楼阁式多层大塔，作为双峰山的景观坐标，与黄鹤楼、宝通寺形成一线，成为反映儒、释、道三家的文化象征），与竹园边已建成的谢宗信方丈纪念塔等四个项目工程为一系列，形成"杰阁春辉"的景观。这样可使之与中区、西区联合，恢复元明之时"阆苑金阙故清虚，紫府琼台仍缥缈"的宏观景象，再现长春观历史的辉煌。

第三章
长春子的故事

钟锤叩响大地，历史震动的余波依然，昔日成吉思汗口传的一道诏命，影响深远，长春观如雨后春笋在中国各地兴建，而武昌长春观便是其一。武昌长春观是荆楚之地历代道教活动场地，素称"江南一大福地"，是为纪念全真派代表人物、龙门派祖师、全真道"七真"之一的丘处机而修建的。因丘处机道号长春子，人们感恩其功德，便以其名号作为道场的名字。

第一节　修道得道传道

我们都知道金庸小说《神雕侠侣》中的人物丘处机，是一位心系国家安危、嫉恶如仇的全真派高手。丘处机并非金庸虚构的人物，而是历史上的真实人物。真实的丘处机一生充满传奇，做了许多为民立命、功在千秋的大事。

一、降生与拜师

丘处机于1148年出生于山东登州栖霞（今山东省栖霞市），于1227年仙逝。丘处机身处乱世，对战争极为厌恶，从小就期望尽自己所能改变这个乱世。丘处机在二十岁时，遇到了一个可以改变他一生命运的贵人——王重阳。他抓住机会向这位高人求教，后被收为弟子，得到指点，并于1203年正式接任全真道第五任掌教。任掌教期间，丘处机在政治和社会上积极发挥自己的影响，使整个道教的发展进入鼎盛时期。

丘处机一生中最大的贡献，是以七十四岁高龄远赴西域成吉思汗营帐（行程约35000里），劝说成吉思汗止杀爱民，用道家思想成功地影响了成吉思汗，后世称为"一言止杀"。丘处机与成吉思汗的会面，不是单纯的论道和简单的交流，实质上是代表中原文明、本土道教思想与新兴统治者的第一次交流。丘处机一生被三位帝王召见，得到至高无上的荣耀，创立了全真教最大支派龙门派，实现了"天下全真半龙门"的传奇。

丘处机不仅是一位道法高深、心怀天下的掌教真人，还是一位精通诗词的文学家，有许多古诗词流传至今，并留下了著作《磻溪集》。除此之外，丘处机还精通玉器和医术，在玉雕界被奉为"玉器师祖"，在医学方面也留下了著作《摄生消息论》，可以说是多才多艺。

（一）丘处机降生

古代各种书籍记载过伟人降生时天降异象，以显示他与众不同，来日必成大器。丘处机的一生是传奇的一生，他的降生自然也有异象伴随。传说栖霞城北古镇有一个小村，名为丘家庄，正月十九日清晨，一户丘姓人家女子待产，邻居大娘、婶子听到动静纷纷赶来帮忙接生。可到了晌午孩子还没有出生。晴朗的天骤然转阴，云越积越厚，天地失色，俨然一场暴雨即将到来。这时，从西边匆匆奔来了两顶轿子，在这户人家屋前停下，从轿中走下一高一矮两人来，他们身穿官服。

忽然房内发出一片金光，这金光升腾至屋顶。村里人以为屋内起火了，赶忙呼喊吆喝，想要进屋灭火。当他们冲到门前时，只听一声清脆的婴儿啼哭声传了出来，且伴随着一阵异香，这金光也逐渐消散。提着水桶的人们，站在门前傻了眼："这哪里来的火？"随后，接生的婶子高兴地从屋内走出来吆喝道："生了一个大胖小子！"听闻此言，人们的心才放下来，开始议论此事之神奇。而这两位官员见此情形相视而笑，其中一位说道："屋子吐焰，异香扑鼻，红光盈天，这孩子日后一定不简单。"

（二）拜师王重阳

拜师王重阳造就了丘处机。公元1167年的秋天，十九岁的丘处机告别亲人，来到昆嵛山下，一位老人问他远道而来要做什么，丘处机说："我是来拜师修道的。"他按照老人的指点，一直向昆嵛山西北角的方向攀登，过了半天，发现自己还在山脚下；又接着爬了半天，也不到半山腰。他开始不在意，接着又爬了三天三夜，可照样还在老地方打转。他这才相信昆嵛山神秘非凡，真的有仙气。此时，他一点也没有泄气，反而认定有神仙在暗地考验他，并因此感到高兴。他爬了三个三天三夜，这才爬到山顶。举目远望，峰峦起伏，云海翻腾，几百里的昆嵛山，像一只万年老龟耸起的脊背。

与昆嵛山相连的是海上仙山——蓬莱、方丈和瀛洲。麻姑住哪个洞？饮哪个泉？他随便走着、瞧着、攀着、寻着，一刻不停。这一天，丘处机来到一个泉边，那泉水从石窟中哗哗流出，在几步远的地方汇成一池碧水，尝一尝，味道甘甜，那就是丹井。再向北瞧，有一串脚印，丘处机眼前一亮，莫非还有一个凡人也像他一样，正在寻找神仙，还是这清泉秀石的地方有人家居住？丘处机仔细观看，发现脚印消失的地方长出了一棵棵灵芝，转而又想，是不是有人到这儿采灵芝呢？

太阳快要落山了，丘处机也没有找到采灵芝的人，他想喘口气，再说肚子也饿了，便想采片灵芝尝尝。他想摘个大的，不忍心，又想摘小的，摸过去、抚过来，一时拿不定主意。"小伙子，这灵芝是神仙们种的，只种不收。要尝灵芝跟我来吧！"随着话语，丘处机见面前站着一位老妇人，头上银丝闪亮，腰间束着藤绳，手里拄着树根拐杖，两眼亮而有神。她把丘处机领到一间草房边，嘴里念念有词，却又不提灵芝的事。这时，丘处机见一方纸片儿从半空飘来，抓过一看，只见上面写着："丘门小子非我徒，王重阳告尔宜师，须记来年九月里，范园好把七莲收。"下方还画着一个道装打扮的人。丘处机刚要问是怎么回事，老妇人却不见了。他这才明白是仙人引路，便扑地跪下，朝纸片连连叩头说："恕我凡眼不识仙姑，谢谢仙姑指点迷津！"

后来，丘处机便在灵芝岩附近选了个山洞，独自修起道来，日复一日，不分白天黑夜，勤于修炼，以爬山来强壮身体，甚至一次次将铜钱丢进沟底，然后再找回来……他要用一片诚心来感动仙姑，准备来年九月拜师。1168年9月，丘处机下山进了宁海城，果然那里有一处范氏花园。他走进花园中的怡老亭里，和刚刚从终南山来这里的王重阳相见。这时还有一位四十开外的中年男子在场，那人是马钰（世称马丹阳）。只见王重阳祖师伸出双手，左手拉着马丹阳，右手拽着丘处机，乐呵呵地念出一首诗："细密金鳞戏碧流，能吞香饵会吞钩。波余缓缓收丝纶，拽入蓬莱永自由。"从此，王重阳正式收丘处机为徒弟了。

丘处机自小家庭贫穷，遭遇不幸。儿时，他生母去世，父亲随后娶了一个继室，丘处机是由继母带大，但继母待他并不是很好，他的童年非常不幸。这样的家庭遭遇和当时所处的社会环境，让丘处机历经沧桑，十九岁就看透人间悲凉，也是这时候他暗自下决心修道，随后便于昆嵛山求道。好似缘分注定，丘处机修道时，听闻马钰真人请全真道祖师王重阳至家中这一消息，便主动追到全真庵，拜王重阳为师。王重阳与丘处机相聊一宿，在了解丘处机的心志和遭遇后，认为丘处机是一个可造之才，便结下了这段师徒之缘，为他取名处机，号长春子。

随后，丘处机跟随王重阳在山东和河南传教，历经三年。丘处机在拜师前并没有读过书，而王重阳收他为徒后，有意让他掌管文函，其目的就是为了让他尽快学习文化。丘处机在跟随王重阳的时间里，并没有学到修炼的方法，但丘处机晚年回忆说："我和师傅在一起三年，他虽然没有在口头上教我，却给了我很好的学习机会，当时我也明白这是师傅在苦心栽培我，所以我毫不懈怠。我能有今天，师傅对我的影响最大。"王重阳对丘处机虽未言传，但却身教。在山东的弘道活动中，如创建七宝会、金莲会等，丘处机就随侍在王重阳身边。王重阳对丘处机的期许也很高。1169年，王重阳携弟子西游，他自知大限将至，特地嘱咐马钰："丘处机这孩子潜力无穷，来日必成大器，可是我无法继续教导他了，马钰你作为师兄，我将他托付于你，你要悉心教导。"1170年，王重阳在河南汴梁（今开封）仙逝。丘处机一生都对王重阳心怀感激。丘处机跟随同门师兄弟马钰、谭处端和刘处玄到陕西终南山拜会王重阳的朋友，后于1172年将王重阳灵骨迁葬终南山。王重阳在世时就看出丘处机磨炼不够，要等他功德大成，方能传道。马钰随后告诫他"道无德不载，德无道不立"，就是指道的观念要先从德中体现，要丘

丘祖便装行道图

处机行善事、积功德。丘处机谨听教诲，决定潜心修炼，随后便有了丘处机在磻溪六年、龙门七年的修行经历。

二、苦修得道

（一）磻溪六年苦修行

孟子说："天将降大任于斯人也，必先苦其心志，劳其筋骨。"人一生的成就和自身苦修苦练密不可分。古往今来，多少千古留名的历史人物都有一段非凡的人生历练，比如，越王勾践卧薪尝胆十年才报得国仇、称雄一方；岳飞学艺六年、从军十年才成长为一代名将。作为道家全真鼻祖之一，丘处机自然也经历过不一般的历练，在王重阳仙逝后，他谨遵教诲，寻得清净之处勤勤恳恳修道，矢志不渝，感天动地。下面我们来了解丘处机在磻溪六年的修行经历。

山东省平阴县南天观（丘处机修炼地）

1174年8月，丘处机来到磻溪（今陕西宝鸡境内），开始修行之旅。丘处机之所以选择此地，是因为他被秦川之地的景色所打动，其《秦川》诗言："秦川自古帝王州，景色蒙笼瑞气浮。触目山河俱秀发，披颜人物竞风流。十年苦志忘高卧，万里甘心作远游。特纵孤云来此地，烟霞洞府习真修。"丘处机对清修之处非常挑剔，所选之地必然是福地洞天，灵气充沛。秦川风景秀丽，人杰地灵，为修道的最佳场所。到磻溪后，他磨炼心性。据《长春真人本行碑》记载，丘处机在磻溪此地穴居，每天独自生活，只食一餐，出门则披上蓑衣，被人称为蓑衣先生，六年间都日夜修炼心性。

丘处机在磻溪开凿长春洞以为居所。洞虽名为长春，实际上却相当简陋，只不过是一个土洞而已。他在此过着十分艰苦的生活。在《居磻溪》中，丘处机对当时的生活状态有较为详细的阐述："烟火俱无，箪瓢不置，日用何曾积。饥餐渴饮，逐时村巷求觅。选甚冷热残余，填肠塞肚，不假珍馐力。"

为了实现"全真而仙"（全真道以不灭的心性为修仙之本，所说的神仙已不是简单的肉体不死，而是一个保全性命之真的精神和肉体的双重超越）的理想，他安贫乐道。在磻溪的六年中，他以坚强的意志与超人的毅力，与艰难的生活进行着斗争，磨炼和塑造着坚忍不拔的品格。在磻溪隐修期间，丘处机经常搬石头，不睡眠，勤修内丹。在《丘处机集》中，多处提到"昼夜不寐"或者"斗睡魔"。

他曾为"炼心"而"炼睡"。尹志平《清河真人北游语录》中记载，长春真人惟恐修炼无功，于山上往来搬石炼睡，飞石打折三根肋骨，险死。他还常与道友、文人相往来，经常到当地去寻访民众，了解社情，探求道教的真谛和报国救民之道。为了增强百姓的体质，祛除疾病的痛苦，丘处机继承发扬中国传统医学知识，向百姓传播健身常识，并经常

陕西省文物保护单位
磻溪宫碑刻
陕西省人民政府
1992年4月20日公布
宝鸡市人民政府
2018年2月27日立

磻溪宫碑刻保护标志

去深山悬崖采药，走村串户，送方送药。他还曾为民众拾粪送肥，为道友祈福。他与当地群众和睦相处，也借机宣传教义，发展信徒，将传教融入了日常生活当中，积累了一定的声望，深受当地百姓敬仰。当地百姓皆知"蓑衣先生"是一大善人。

在磻溪苦修功行的六年中，他展示了非凡的文学素养，以写作诗词为日常修道功课。丘处机博览诗书，与当地士人往来参学。古来修行不主张精于文墨，入道便废斯文而专事修炼。丘处机不然，主张修行吟诗两不误，作诗不事工巧，即兴有感而发，功出自然，妙而合道。在《磻溪集》中，他写有《答宰公子许秀才》《赠周二生见访》《次韵银张八秀才》等诗词，这证明丘处机与当地秀才、解元等文人墨客的来往相当频繁。在磻溪六年中，丘处机在当地行善事、积善德，在文学和医术方面也有了很大提高，前来拜访者络绎不绝，结交者也都是有志之士，他由此名声大振。

（二）龙门七年道修成

山不在高，有仙则名。龙门洞曾迎来一位传奇人物，这位来客改变了这座秀丽大山的历史，为这片山林留下了全真龙门法脉。而这片秀丽山川也成就了这位来客，让这位来客在此修成道业，成为那个时代耀眼的明珠。

大定十八年（1178年），马钰自终南山往陇州行化，丘处机在磻溪听闻之，于是与马钰相会于陇州。《金玉集》载：大定十八年八月一日，丘处机与马丹阳会于陇州，游龙门，过娄景洞。

也许就是在这个时候，丘处机被龙门的景致所吸引。两年过后，丘处机决定迁往龙门修行。龙门更加清幽，很适合丘处机静修的要求。丘处机迁至龙门有他自身的考虑，他认为在磻溪六年，很多人已经知道他，已经打扰到他的清修。丘处机选择龙门这样一个人迹罕至的偏远之地作为隐修之所，主要是为了远离尘世，进一步深修。磻溪距人群较近，人来人往，多有道友、士人来访，在某种程度上，使他忙于接待，影响修炼。因此，丘处机才由磻溪迁往龙门，过起新的隐修生活。

丘处机到龙门后与在磻溪相比，最大的变化就是基本不再写诗作词。他写道"著假空贪齐李杜，明真何必等松乔"，认为作词吟诗对于修道有所影响，今后要少做。这也侧面证明他迁至龙门是为了进一步专心修行。偌大个龙门山，独居丘处机一人，实在是清静。其实环境清静只是一个方面，更重要的是要自心清静。他追求"熟境销"，就是要把自己所经历过的而留在脑海中的记忆全忘掉，只有这样才能算得上真清静。

当时，丘处机对龙门的隐居生活是比较满意的。然而，太平岁月风调雨顺是不会长久的，自然灾害频繁发生，陕甘两省大旱，到处是一片焦土。他在《因旱作》诗中写道："铄石流金万物焦，溶肠裂背群生苦。"第二年瘟疫、饥饿接踵而来，他在《愍物》诗中大声疾呼："天苍苍兮临下土，胡为不救万灵苦？万灵日夜相凌迟，饮气吞声死无语。仰天大叫天不应，一物细琐徒劳形。安得大千复混沌，免教造物生精灵。"丘处机修道，不仅是为完善自我，更重要的是心怀济世利民之心，当他看到众生之苦得不到救拔时，异常难受，产生出悲天悯人的心愿。丘处机这时候的思想已经发生了变化，之前的隐居静修思想已经在残酷的现实面前有所淡化，他逐渐走向慈悲济世、救拔疾苦的利益众生之道。这与日后他用自身思想影响成吉思汗，从而一言止杀、救世济民的行为密不可分，可以说是思想上前后的统一。

丘处机在龙门修炼大成之际，也正是他下山之时。1185年，山东潍阳的唐括姑，闻丘处机大名，不惜千里跋涉，寻访到长安，欲拜丘处机为师。京兆统军夹谷派专人将唐括姑送至龙门洞。丘处机点化唐括姑："回头为报姑明取，百岁光阴一寒暑。速抛家业违物情，早作闲人伴仙侣。"后来唐括姑出家，拜丘处机为师，居龙门。在秦志安的《七真传》中，丘处机在龙门时有一女弟子叫李春花，说不定就是唐括姑。1186年冬，丘处机道成，应京兆统军夹谷之请，由龙门山迁往终南山刘蒋祖庵，与李灵阳、吕道安一起掌管陕西全真道。现在西安市户县的重阳宫，据说为丘处机传道地，被尊为祖庵。至此，丘处机在龙门的隐修生涯便告结束。

丘处机在磻溪和龙门的十三年，对其一生有重大意义。在这十三年内，他的修道生活分为三个方面：第一，苦行。类似于佛教的修行，把禁欲作为修行的重要方式，他有心避世，过着艰苦的生活，"一蓑一笠，烟火俱无，饥餐渴饮"是生活的常态，也是丘处机奉行苦行的体现。第二，苦学。丘处机拜师王重阳后才开始读书学习，而磻溪六年修行中写出的诗词表现出非凡的文采，他不断地与当地文人名流交往，向他们学习讨教。六年的苦读苦学让他成为一个出语成章的饱学之士。第三，苦修。这十三年，不仅是丘处机文学创作鼎盛的时期，也是其道业大成的时期。道门向来有十八九年方始得道的说法。丘处机从拜师王重阳到1186年，其间正好是十九年。

三、金世宗赏识

道教讲究清心寡欲、修身养性、得道成仙。细阅历史，就会发现自古帝王多暗中青睐道教，或许是传说中飘逸的神仙引起帝王对道教的偏爱，或许是长生不老的秘密成为帝王与道教之间的桥梁，不管如何，帝王与道教似乎有着某种特殊的关系。而在封建王朝中，教派若想实现自身理念和成就一番事业，就必须得到皇权的认可和支持才能有所作为，如盛唐帝国佛教兴，佛教正是得到皇权支持才能遍播四海。而作为道教全真教派鼻祖之一的丘处机，若想实现自身抱负和价值，发扬全真道，帝王是他始终无法绕过去的。

1188年2月，身在终南山的丘处机突然受到金世宗完颜雍的召见，后者请他到燕京（今北京）来，向他讨教养生秘方。这一事件成为丘处机个人命运甚至全真教走向兴盛的转折点。此次见面是丘处机第一次与帝王见面，对丘处机而言，这是实现自己理想抱负的一次绝佳机会，而这次见面是由同门全真七子之一王处一促成的。王处一于前一年被金世宗召见，一直逗留在京城。

见面后，金世宗向丘处机问养生与治国之道。丘处机回答说，养生贵在寡欲，治国以保民为本。丘处机又向金世宗讲述"天人合一"之理。金世宗对他十分赞赏，赐道袍巾冠，请他下榻天长观（今北京白云观），在四月初一令他主持万春节醮事，又在京城修建宫庵供奉王重阳等的塑像。时隔五个月后，金世宗于七月十日再次召见丘处机，两人坐而论道。丘处机剖析天人之理，阐释道德之宗，颇有精到之处，金世宗龙颜大悦。中秋时节，丘处机得旨重返终南山，金世宗赐钱十万，丘处机上表而辞之。

1189年，金世宗辞世，丘处机悲痛万分，不忘金世宗对自己的诚心邀请和真诚相待，作诗哀悼："哀诏从天降，悲风到陕来。黄河卷霜雪，白日翳尘埃。自念长松晚，天恩再诏回。金盘赐桃食，厚德实伤哀。"（《磻溪集》卷三）。

金世宗问丘处机养生与治国之道（画）

丘处机与金世宗的交往，不仅是两个人之间的交流，更是两个民族之间的良性互动。丘处机身为汉人，作为道教领袖与金世宗及金朝贵族沟通，最终金朝统治者愿意保护并支持汉族本土宗教道教的发展。民族间相互理解、相互尊重的行为，影响非同小可。

1191年，丘处机返回山东栖霞，借金世宗优礼之威势，修建了太虚观。

金章宗继位后，担心全真教发展迅猛会对金朝产生威胁，便开始打压全真教，使其陷入低谷。

1201年，金章宗痛失幼子，担心后继无人，而恰逢李元妃怀孕，金章宗希望能再生下一位皇子，便想到全真教，请玉阳子（即全真七子之一王处一）来举行普天大醮，以求上天保佑，让李元妃生下皇子。玉阳子只身赶赴亳州太清宫，主持了此次大醮。当年8月，李元妃诞下皇子，金章宗喜出望外，于12月下旨赦免僧道3000人，再次支持全真教发展。丘处机也得到金章宗赐额，李元妃加赐《大金玄都宝藏》6000余卷，更增加了丘处机的声望，丘处机以太虚观为中心，大力传教，女真族达官贵人争相与之结交。

四、传教二十年

自丘处机1191年返回栖霞后，就开始在山东蓬莱、芝阳、掖县、北海和胶西等地传教，并于1203年正式接任全真教第五任掌教。当时南宋、金朝、蒙古三国又起纷争，战乱不止，而倡导"摒恶行善""恤苦救民"的丘处机深受民间拥戴，声望与日俱增。丘处机曾三次到崂山传教，并在崂山创立了全真道分支"龙门派"。

1208年，丘处机自昌阳（今山东省莱阳市）醮罢，抵达望城（今山东省莱西市望城镇）永真观，又转道来崂山，吟诗20首。这20首

崂山太清宫

诗于同年3月镌于白龙洞额之上。1209年，丘处机又自胶西（今山东省胶州市）醮罢，应崂山道众之邀再次来游崂山，上至南天门，作词一首，名曰《青玉案》，镌于上清宫石上；又作诗10首，镌于上清宫玉皇殿西墙外混元石上。此外，还在崂山的多处道观，留有诗词题刻。丘处机三次登临崂山，一共留下了40多首咏唱崂山的诗词，都是以"长春真人"的名号题序。如今这些诗词散布于崂山的太清宫、白龙洞、上清宫等地。

1214年秋，山东杨安儿等举义，金朝统治者任命仆散安贞为山东路统军安抚使，讨伐义军。杨安儿兵败，在逃往岠嵎山的路上遭舟人曲成陷害，落水而死。这次红袄军起义事件前后持续很长时间，对山东半岛影响巨大。就在杨安儿起兵的同时，李全、李福兄弟二人也在潍州、安丘、临朐一带起义，而刘二祖、彭义斌也积极响应，影响范围几乎遍及金朝之东南部，而山东胶东的登州、莱州、宁海州三州首当其冲，全真道也因此受到严重损失，大部分宫观在这次战乱中被毁。

金朝对镇压此类起义力不从心，无奈之下只好请丘处机出面对其安抚，结果大出意外。据《长春真人本行碑》记载，当时山东乱，驸马率兵讨伐，并没有成功，于是请了丘处机真人前去招安，丘处机所到之处，局势迅速稳定。这反映了丘处机在山东一带的巨大威望。此事不仅让金朝感到意外，南宋和蒙古听闻此事也大为震动，他们吃惊于丘处机的个人影响和全真道的宗教力量，三方在数年内接连派使者召见丘处机。

第二节　一言止杀济世

彗星划过，一眼千年。历史的秘密如沧海明珠，总惹得看客忍不住去探寻。而丘处机与成吉思汗之间的会面就深深吸引着历代世人。成吉思汗到底为何要召见丘处机？丘处机为何会接受成吉思汗的邀请？这两位千古难遇的奇人在会面中谈了些什么？成吉思汗为何帮助丘处机和全真教执天下道教牛耳？关于丘处机长生和修仙的传闻是否为真？丘处机到底做了什么事情而受到世人推崇，以至于用其道号作为道观名，流芳百世？一个个谜团都深刻反映着当时时局的变化，也深刻反映着丘处机所代表的中原道教和成吉思汗所代表的新兴帝国之间的思想交锋，而全真教之后在元朝的兴盛也显示了这次交锋的结果。

一、成吉思汗召见

1216年，金朝再次向丘处机发出邀请，可丘处机拒绝了金宣宗，认为他并不是个好皇帝。同年他也拒绝了南宋皇帝的邀请。1219年5月，成吉思汗决定召见丘处机，派刘仲禄赴山东邀请丘处机。最终，丘处机答应了成吉思汗的邀请。

丘处机为何拒绝南宋和金的邀请，反而不远万里去见成吉思汗呢？弟子尹志平的意见似乎起了推动作用。有人认为这次见面是虚构的，有人强调真实存在。历史总是那么扑朔迷离、神秘莫测，对玄之又玄的道教及其重要人物来说更是如此。丘处机和成吉思汗的一番对话，救下了400万人。无论如何，丘处机与成吉思汗的故事，在一定程度上反映了道教不可忽视的价值，爱民惜民、反对杀生的主张在乱世中深得人心。

丘处机与成吉思汗见面，应有三个原因。第一，出于兴教的目的。丘处机全心投入传教传道的事业。他一心为全真教发展全力以赴。如何继承先师未竟之志，将全真教引向兴盛是他久久思索的大事。而想要将全真教发展壮大，必须要得到当时统治者的全力支持。面对南宋、金朝和蒙古的邀请与召见，丘处机必须选择出一个有潜力的王朝。在三方纷争之中，金朝节节败退，南宋统治者偏安江南，已经腐败到了无法挽救的地步。"靖康之变"以后宋室南迁，抛弃了陕西、河南和山东的大片国土，致使中原地区生灵涂炭，民不聊生。丘处机对当时的局势有清醒的认识，他认为南宋和金国大势已去，不可能给老百姓带来和平与安宁，即使勉强接受两国的邀请，也不会有什么改变。所以丘处机选择接受成吉思汗的邀请无可厚非。

第二，出于止杀的目的。在磻溪、龙门十三年修行中，丘处机树立并巩固了古代人道主义思想。他一生中所做的事情除了兴教传道外，就是为天下和平而奔波，山东招降事件就是一个很好的例子。而蒙古骑兵乃是游牧民族，他们所到之处皆残酷屠杀平民。丘处机接受成吉思汗召见，也是想劝阻成吉思汗，制止蒙古骑兵的杀戮。

第三，因为成吉思汗的真诚。成吉思汗给丘处机的诏书，深刻表达了他对社会现状的认识，对丘处机为人处世的高风亮节和深厚学识更是赞誉有加，字里行间充满着敬意。他渴望像历史上刘备三请诸葛亮那样，让丘处机作为他的智囊高参，辅佐自己，共襄盛举。成吉思汗陈述了当时社会动乱的情况，强调自己征战是顺应历史趋势，合乎道家理念，在此关键时期非常需要杰出人才。他把丘处机比作姜子牙、诸葛亮，期待丘处机帮助"安天下"。成吉思汗清楚，征服敌人需要军事决战和强大实力，但要达到长治久安，还要靠精神指点迷津，让人心服口

成吉思汗与丘处机（画）

成吉思汗召请丘处机石碑

丘长春师祖像

服。成吉思汗之所以从万里之外派出使者专门寻找丘处机,"不限岁月,期必致之",正是由于丘处机"名重四海",有征服人心的"灵丹妙药",有治国理政的高超智慧。成吉思汗非常尊敬人才,礼贤下士,对自己忙于战事无暇亲自前往迎接丘处机深表歉意,"有失躬迎之礼",一言一语,无不让人感动。今天来读当时的诏书,也会隐隐约约感到成吉思汗是丘处机难得的"千古知音"。

在这份诏书的前半段,成吉思汗首先揭露中原地区统治者的腐败和奢华,已经不合天意、民意。接着又说到自己一向去奢从简,兼爱民众,因此合乎天意。

成吉思汗的思想正和丘处机的想法不谋而合,有了共同交流的基础。诏书中成吉思汗表现出求贤若渴的意图,指出要向丘处机请教保身之术和治国之道。成吉思汗的真诚和思想打动了丘处机。

1219年12月,刘仲禄见到了丘处机。《长春真人西游记》一书记载,成吉思汗派遣近臣刘仲禄去请丘处机,并让他带着虎头金牌,金牌上刻着"如朕亲行,便宜行事"八个字。跟刘仲禄同行的还有二十名蒙古兵。刘仲禄传达了成吉思汗的圣旨,恳切邀请丘处机莅临草原。

1220年2月,丘处机带着赵道坚、尹志平、夏志诚、王志明、李志常等十几名弟子离开昊天观。

一行人到达燕京(北京)时,丘处机觉得自己年事已高,万里迢迢,恐有不测,他想约成吉思汗来北京见面。于是,他给成吉思汗写了一封信。丘处机在北京停留了近八个月,1220年10月,丘处机才收到成吉思汗的回信。成吉思汗在信中写道:"我正忙于战事,无法脱身。既然真人已经出行,何不效仿古人万里修道,继续走下去呢,我在此恭候真人到来。"同时,成吉思汗又命刘仲禄:"真人年老体弱,定要保证真人安全。"

丘处机与成吉思汗（画）

二、漫漫西行路

丘处机一行来到了塞外草原，继续向北一路走去。1221年3月，过了抚州，丘处机一行向东北方向行走，一路所见都是无边的草原，远处有人烟，都是黑车白帐，随草放牧。草原景色单调，除了起伏无边的草地之外，没有高山，没有树木，四望只见黄云白草。这样又走了20多日，才见到一条沙河横在前面，河水从东向西流去。4月初，一行人抵达斡辰大王帐下。作为蒙古帝国的东道诸王之一，斡辰地位崇高，势力不小，一度号称"皇太弟"。斡辰大王虽然远在东北，但消息十分灵通，因为经常有使者往来各地，传递消息。

听说丘处机有长生不老之术，此次已经应成吉思汗的邀请，即将前去传道，斡辰内心很感兴趣，所以他传信给丘处机，要他西行的时候，先到他这里来一趟，见见面。丘处机不惜花费两个月时间，长途跋涉，来到了这位斡辰大王的帐下。这时候草原上的冰才开始消融，细微的春草开始萌生，草原上的春天终于到了。

4月7日，丘处机见到了斡辰大王，斡辰举行盛宴，热情款待远来的客人。席间，斡辰问丘处机："怎样才能做到长生不老呢？"这种场面，丘处机大概见得多了，他一点也不意外，泰然自若地回答斡辰道："这个可不能随便讲，必须先行斋戒，正心诚意，举行一定的仪式，然后才可以传授。"斡辰对长生不老之术十分好奇，很想了解其中的奥妙，于是和丘处机约定，4月15日这天，大家提前斋戒，然后请真人传授此道。丘处机不便推辞，只好答应了。

可是到了4月15日这天，突然下起了大雪，于是只好作罢。但天生异象让斡辰非常震惊，认为是自己想抢在哥哥（成吉思汗）前面得知长生秘术，引起了天怒。斡辰内心虽然遗憾，但也无可奈何，只好说："大汗派遣了使者，万里迢迢，请大师前去赐教，我怎么敢抢先得知其中奥秘？老天爷也不同意啊！"于是祝福丘处机："见过大汗回来的时候，一定请大师再到我这里来。"4月17日，丘处机和随行人员又要动身了，斡辰给丘处机送来大量牛马、十辆大车以及其他丰厚的礼物，为丘处机送行。

7月9日，丘处机到达故城曷剌肖。7月25日，有汉人工匠络绎来迎，皆欢呼行礼，以彩幡、华盖、香花作为前导。第二天，行至阿不罕山北，田镇海来迎接。田镇海从很小的时候起就是成吉思汗队伍里的一员，后来做到了队伍里的下级头目。成吉思汗在扫平蒙古草原的过程中，曾经遭遇过很多挫折，并非一帆风顺。有一天晚上，成吉思汗的大营遭到克烈部偷袭，成吉思汗猝不及防，相当狼狈，仓促之间，他催马向一片森林逃亡，身边仅有十几人跟随。他们一口气逃到班朱尼河边，才算摆脱了追击，得到了喘息的机会。跟随成吉思汗逃命的这十几个人中，田镇海就是其中之一。

由于有这样的经历，田镇海的地位上升很快，渐渐成了成吉思汗的心腹之一。不久，诸王百官大会斡难河源，一致为铁木真加上"成吉思汗"的尊号，田镇海参与其事，又立下了拥戴之功。在丘处机西行的这段时间里，田镇海没有上前线，他受命屯田于阿鲁欢。为了保卫这一片农田，田镇海又建起了一座城堡，驻军守卫。城中建有粮仓，城堡则以他的名字命名，叫作镇海城。

丘处机见到了这位田镇海将军，他对田镇海说："我年纪大了，因为大汗两次下诏，反复叮咛，所以不得不远行万里，来到了大人的治下。沙漠地方大多都不事耕种，可喜的是将军在这里屯田，种着这样好的庄稼，眼看就要收获了，我心里非常高兴。我想在这里多待一段时间，在这里过了冬，等到圣驾回来经过这里的时候，再和他相见，将军你看怎么样？"

田镇海这样答复丘处机："最近得到圣旨，命各处官员，如遇真人经过，不得阻滞其行程，大概就是想早点见到真人的意思。真人如果真的在我这里耽搁了，则罪在镇海。所以真人还是早点上路的好，我愿意亲自护送真人走一段。凡真人需要的粮食物资，还有什么不能备办的呢？"

丘处机一听此话，实难拒绝，就说："那好，既然因缘如此，我们休整几日就上路！"田镇海说："再往前去，山高路险，车子根本就不能通行了，最好放弃车辆辎重和多余的随从，轻骑以进。"丘处机听从田镇海的建议，命弟子宋道安等人留在当地，就地建造一座道观，等候丘处机回来。

听说要在这里建道观，热心的人们不召而至，有力的出力，有钱的出钱，有技术的出技术，在短短不到一个月的时间里，这座草原上的道观就建成了。丘处机想起了万里之外的家乡栖霞，于是为这处道观取名

北京白云观

济南长春观

河南安阳长春观

山西云丘山道观

为"栖霞观"，并亲笔题写了观名。自此全真道在蒙古国蛮荒的西部有了第一个根据地。

1221年11月，丘处机最器重的弟子赵道坚因病于赛蓝城逝世，这让丘处机悲伤欲绝。丘处机与其他弟子一起将赵道坚葬于赛蓝城，休整五天后才继续上路。

1222年3月，丘处机来到邪米思干（今乌兹别克斯坦撒马尔罕），受到了耶律阿海的接待，耶律阿海在灭金之战中平定汉南，是成吉思汗的大将。他告诉丘处机："不久前有消息传来，说千里之外有一条大河，大军前行时，曾在河上建起了一座舟桥。最近，这座桥被敌人破坏了，一时无法恢复通行。现在已是深冬，路上风雪难行，所以真人最好就在城里暂住，等过了冬，来年开春再去朝见大汗不迟。"丘处机当然乐意至极，就在此处休整安养。这段时间里，又有许多滞留在邪米思干的汉人，不断来找丘处机，请求归附丘处机，成为全真教的信徒，丘处机也欣然接受。

此时，成吉思汗使者阿里鲜也来到此处，向丘处机传达成吉思汗的谕旨："真人来自日出之地，跋涉山川，非常辛苦。今朕已班师回行营，渴望马上见到真人，听真人讲道，请再辛苦一下，到这里来与朕见面。"又谕田镇海："汝护送真人来甚勤，余惟汝嘉。"此外，成吉思汗还专门派出一名万户将军，带领甲士一千人，护送丘处机过铁门关。丘处机带着弟子继续向成吉思汗的住处奔走。

丘处机经历两年零四个月的艰辛奔波，终于在1222年4月到达大雪山（阿富汗境内的兴都库什山）成吉思汗的行宫。丘处机一个七十多岁的老人，从燕京出发到大雪山，让成吉思汗这样的传奇人物也佩服不已。

为了迎接丘处机的到来，成吉思汗提前安排好了一切，可谓是真诚之至。丘处机住下后，立即来拜见成吉思汗。成吉思汗非常感动，搀扶着丘处机说道："金国和南宋请你出山都被你拒绝，如今真人奔波两年多来到这里，我非常高兴。"丘处机回答："这都是天意安排。"成吉思汗十分欣慰，直接问道："真人远来，有何长生之药、长生之法以资朕乎？"丘处机答："有卫生之道，而无长生之药。"（卫生之道指强身健体之法。）正式论道时，丘处机围绕这一问题进行了详细的论述。他说："人以饮食为本，其清者为精气……气全则生，气亡则死，气盛则壮，气衰则老。"他指出如果人陷于声、色、味、情，则散气伤身："眼见乎色，耳听乎声，口嗜乎味，性逐乎情，则散其气。人以气为主，逐物动念则元气散。愚迷之徒，以酒为浆，以妄为常，恣其情，逐其欢，耗其精，损其神，是致阳衰而阴盛，则沉于地为鬼，如水之流下也。"丘处机认为清心寡欲、修炼阳道才是正途。

此乃丘处机与成吉思汗的第一次正式论道。

丘处机见过了成吉思汗，回到自己的帐篷里休息，翻译过来问丘处机："人人都称师父为天人，这是你自称呢，还是别人这样称呼你？"丘处机回答道："都是别人这样称呼罢了。"翻译听罢，回话去了。过了一会儿，这位翻译又来了，再次问丘处机："请问以前别人一般都是怎样称呼你的？"显然这又是成吉思汗要他来打听的，否则的话以后见面不好称呼。丘处机回答说："我们四个人跟着重阳真人学道，其余三位都已经先一步成仙了，就剩我一个还活在世上，我实在只是一个普通人而已，别人一般都称我为先生。"成吉思汗听了翻译的汇报，大约觉得称丘处机为先生不够分量，就问田镇海："依你看，我们到底该怎么称呼丘真人才合适呢？"田镇海说："一路上，有人尊称他师父，有人叫他真人，还有人叫他神仙。"成吉思汗说："神仙这个称呼很好听，从今以后，可称他为神仙。"从此，成吉思汗就称丘处机为"丘神仙"，再也没变过。

紧接着发生了战事，成吉思汗与丘处机约定等战事结束后再论道。

三、论道大雪山

1222年7月初，回到邪米思干的丘处机惦记着与成吉思汗的约定，就派人去成吉思汗行宫打探战事情况，最终确定了论道的日期。8月8日，丘处机启程去见成吉思汗。两人时隔数月，开始了第二次正式论道，耶律楚材当翻译。这一次，丘处机向成吉思汗谈论帝王修炼之道，指出仅仅做到节欲行气，只是平常人的修炼范围，皇帝的修炼之道则与此不同。他说："陛下修行之法无他，当外修阴德，内固精神耳。恤民保众，使天下怀安则为外行，省欲保神为乎内行。"就是说，"省欲保神"还只是做到了修行的"内行"这一方面，还必须"外修阴德"，做到"恤民保众，使天下怀安"。丘处机又用君权神授的理论美化成吉思汗，将其说成是"皇天眷命"，是上天派来管理人间的"天人"，即天上之仙官。他说："陛下本天人耳，皇天眷命，假手我家，除残去暴。"因此，作为天人下凡、恭行天罚的皇帝更需要珍重自己的身体，清静节欲："在世之间，切宜减声色，省嗜欲，得圣体康宁，睿算遐远耳。"为了使自己的劝诫具有更大的权威性，丘处机又将《太平经》中宣扬过的承负说和佛教轮回说加以改造，以之劝告成吉思汗："行善进道，则升天为之仙；作恶背道，则入地为之鬼。帝王悉天人谪降人间，若行善修福，则升天之时位逾前职，不行善修福则反是。天人有功微行薄者，再令下世修福济民，方得高位。昔轩辕氏天命降世，一世为民，再世为臣，三世为君，济世安民，累功积德，数尽升天而位尊于昔。"

12月，天下大雪，天气极为寒冷，成吉思汗这一天派人来叫丘处机，请他到大帐中说话。成吉思汗和丘处机两个人似乎很谈得来。这天成吉思汗向丘处机提起了路上遇到震雷的事情，问他天上打雷到底是怎么回事。那时候，人们对打雷这个自然现象还十分无知，听见打雷，都以为是上天震怒，向世人示警。但上天为什么震怒，到底想警示何人，不同地方的人有不同的解释。对于汉族民众来说，天上为什么打雷，答案很明确，那就是世上出了忤逆不孝之徒，上天因此震怒，于是打雷警示。听到成吉思汗的提问，丘处机想了一想，这样回答道："我听说蒙古人有自己的禁忌，夏天不在河里洗澡，不洗衣、不造毡，野外有蚕茧也禁止采摘，都因为敬畏上天的威力，害怕得罪了老天，但这不是真正尊敬上天的做法。我听说人间有种种罪恶，最大的罪恶莫过于不孝，所以上天打雷，就是要警告这些不孝的人。大汗应该利用你的威德，告诫大众，让他们从此树立起孝的观念，增加孝的美德。"

对老年人谈孝大概是最容易引起共鸣的了，成吉思汗听了这番话，果然非常高兴，说道："神仙的话，正合朕意。"他命令左右，将丘处机的谈话用蒙汉文记录下来。丘处机说："仅仅记在纸上还不够，希望能够马上教导国人，尽早树立起孝的准则。"成吉思汗欣然同意，果真下达了命令，还特地召来太子、诸王和大臣们，当着丘处机的面对众人说："汉人尊重神仙丘处机，就像大家尊重上天一样，我今天越来越相信此说了。丘神仙真是天人啊！"说罢，成吉思汗以丘处机这段时间所讲的诸般道理，教导了在场的众人一番，又说："上天派神仙来给朕讲这些道理，你们所有的人听了，都要铭记在心。"

四、丘处机讲治国

前两次论道为第三次论道做了一个良好的铺垫。两日后，第三次论道正式开始。此次论道的主题乃是治理中原之策。丘处机作为土生土长的中原人士，虽然代表道教，但对儒家和王朝的治理之道也是深有感悟，他便运用道家治身治国一体的理论，将个人养命长生的话题引向了济世安民之术，向成吉思汗提出了恤民保众、使天下怀安的对策。这是他此次万里赴诏的主要目的。丘处机还献上了具体的治平之法。他首先向成吉思汗指出，中原地区具有丰富的物产、高度发达的物质文明和完备的治国之术；普天之下，皆不如中原天垂经教，治国治身之术为之大备。山东、河北，天下美地，多出良禾、美蔬、鱼、盐、丝、蛋，以给四方之用，自古得之者为大国。所以，历代有国家者，唯争此地，治理好中原地区是十分重要的。然而，这一地区目前正"兵火相继，流散未集"，急需派遣精明能干的官员前去治理。他还建议免除三年赋税，以使国家和军队"足丝帛之用"，老百姓获苏息之安。这是安民祈福的一个重要方面。关于上述安抚山东、河北等地的建议，丘处机在论道过程中曾反复提起。而且，他还强调，如果派遣廉洁、干练的官员前去筹划行事，则"必当天心"；如果让那些无才无德的人去统治中原，则不仅无益，反为害也。在此次论道中，丘处机还极力推崇全真教，向成吉思汗介绍自己的师兄弟，说他们都已经功德圆满，飞升成仙，只是自己辛苦之限未终，但知道自己积德行善，何患不能为仙乎？他想通过这些来影响成吉思汗，既可以帮助天下百姓，也可以获得蒙古统治者对道教的支持。

1223年2月，丘处机请求归山，成吉思汗挽留，就问道："神仙要离开，需要给你什么东西呢？我要考虑考虑，再稍等几天。"丘处机知道不能马上辞行，就等待时机。3月，丘处机第二次请辞回归，成吉思汗这次没有说话，就送给丘处机大批牛马，丘处机不接受，说只要有驿骑就足够了。成吉思汗觉得过意不去，就问翻译阿里鲜丘处机有多少弟子，阿里鲜回复说有很多。成吉思汗说，应免去丘神仙及其弟子的赋税。并颁发圣旨一道，圣旨说，免去丘神仙所有依律本应承担的各种徭役、赋税，凡查实确属丘神仙的门人弟子所拥有的各地道观，都让地方官免去徭役赋税。可以说，成吉思汗给予了丘处机最重要的特权：允许修建道观，允许划地，在天下任何地方可以传教，免除赋税。这也表明丘处机获得了蒙古统治者的支持。全真教的发展将迈入鼎盛时期。

在丘处机会见成吉思汗以前，成吉思汗奉行的完全是武力征服和屠杀政策。1219年成吉思汗开始进攻中亚大国花剌子模，使中亚地区陷入了血海。据史书记载，在进攻中亚的这段时间内，成吉思汗直接插手的屠杀行动有：1220年2月攻下不花剌城，3万多抵抗者全部被杀。1220年3月，投降的康里将卒3万多人全部被杀。1220年夏，蒙古军队攻入花剌子模的首都玉龙杰赤城，居民中除了将年轻妇女和儿童掳为奴婢外，其余人尽被屠杀。1220年秋，蒙古大军攻下阿姆河北岸要塞忒耳迷，毁其城堡，尽屠其民。1221年初，蒙古军队进攻塔里寒，7个月后攻克，塔里寒守军和百姓被屠杀殆尽。

而在1222年，丘处机与成吉思汗论道之后，情况发生明显变化。1223年成吉思汗启程东归，这段时间，蒙古人似乎没有在钦察草原进行大征战。在1226年开始的进攻西夏的战争中，成吉思汗还因为出现了五星聚于西南这一天象而下令不许杀掠。到第二年6月，他又再次向臣下提起这件事说："朕自去冬五星聚时，已尝许不杀掠，逮忘下诏耶。今可布告中外，令彼行人，亦知朕意。"这样做的目的无非是要利用占星术证明自己顺乎天道，并力图通过丘处机主张的怀柔之术获取民心。

以上事实说明，丘处机向成吉思汗论道以后，成吉思汗的军事政策有了明显的转变。

丘处机与成吉思汗的论道，使他得到了这位蒙古大汗的尊重和崇拜，并拥有了显赫的地位和某些特权。当他载誉东归之时，中原广大地区正处在蒙古军队的铁骑之下，灾难深重，广大人民沦为奴隶，战争严重破坏了这一地区社会生产力的发展。丘处机利用他的特殊地位拯救人民，当时投归教门以求避难者甚众。丘处机派出他的门徒持牌四处奔走，安抚百姓，为沦为奴隶的人们恢复人身自由。虽然这些活动的动力来自宗教信仰，其目的也是为了发展壮大全真教，但在当时的历史条件下，丘处机的这些努力，在一定程度上解救了部分濒于绝境的百姓。

道人王志明从秦州（甘肃天水）带来了成吉思汗的旨意，那个时候，成吉思汗正在猛力攻打西夏国。在诏书里，成吉思汗下令把天长观改为长春宫，凡出家向善的道人，都归丘神仙管辖；并赐给丘处机一个黄金虎符，明令"道家的一切事务都仰仗神仙处理"。

丘处机也的确把成吉思汗所给的特权发挥到了极致。丘处机回燕京后，各方道侣云集而来。关于丘处机对全真道在燕京发展的功绩，其弟子李志常在《长春真人西游记》中评论说，丘处机居燕，"诸方道侣云集，邪说日寝"。由于丘处机的威望和弘道活动，全真道一举成为当时燕京地区最为显赫的道教派别。

五、丘处机仙逝

1227年6月，在长春宫的丘处机病倒了。忽然有一天，雷声大作，太液池的南岸崩裂，水入东湖，声闻数十里，水池里的鼋、鳖、鱼、虾都跑光了，太液池竟然干涸了，北口山也倒了。丘处机听到这个消息，沉默良久，笑着说："山崩池枯，我将和它们一起离开了！"

丘处机生病后，一天去很多次厕所。丘处机的病是痢疾，这在缺医少药的古代常常会要人命。

丘处机享年八十岁。在他仙逝后，传说香气氤氲整个北京城三日，世人称奇。逝世一周年，他的弟子将他安葬在长春宫内的处顺堂。元世祖时，追尊其为"长春演道主教真人"。对于丘处机去世的原因，耶律楚材在《西游录》中说，丘处机"顺世之际，据厕而终，其徒释辞，以为祈福"。

丘处机以后，全真教在元朝的支持下发展起来，全真道观遍布全国。而到了明代，江南正一道兴盛，全真教相对逊色。明朝统治者对正一道有许多支持，但对全真教却并无过多在意。原因有以下两点：首先，随着道士地位的提高，一些上层道士的生活开始腐化，甚至侵吞地产，全真教的清规戒律形同虚设，到了明代，这样的情况也未能改变。明成祖朱棣对此非常不满意，永乐十年（1412年）谕礼部"天下僧道多不守戒律，民间修斋诵经，动辄叫利厚薄，又无诚信，甚至饮酒食肉，游荡荒淫，略无顾忌"，故而必须严禁，"违者杀无赦"。其次，由于正一道兴起于南方，江南一带受正一道影响很大，朱元璋亦起兵于南方，对正一道多加亲近。而全真教在元朝时受蒙古贵族的全力支持，让这位大明朝开国皇帝有所顾忌，因此他非常重视正一道的发展。

由于政府的压制，全真教在整个明代陷入低潮，被迫转入民间发展，由此出现了众多教派，致使全真教的戒律条目也随之变得繁杂起来。但这绝不意味着全真教的衰落，全真教只是在政治地位上失去了元朝时期的显赫。全真教的发展进入了另一个阶段，即注重向社会各阶层渗透，此时掌教宗师权威已经瓦解，因此明代全真教的宗派认同取代了此前的教门整体认同。各宗派的独自发展是明代全真教发展的主基调。

六、丘处机的诗词和医学成就

丘处机的《磻溪集》记录了他所创作的近五百首诗词。作为一个全真道道士，他的文学天赋和文学成就相当高。王重阳的七大弟子中，除了丘处机，其他六位在入道之前都是当地有名的儒士，唯有丘处机19岁之前没受过太多的教育，他是从跟随王重阳后才开始看书的。王重阳及其弟子创作了大量的诗词作品，人人都有诗集传世，如王重阳的《重阳全真集》、马丹阳的《洞玄金玉集》、王处一的《云光集》等，他们的诗词充满传道的内容，但丘处机的诗词改变了枯燥乏味、缺乏艺术美感的状况。下面三例就可见丘处机的古道热肠和斐然文采。

丘处机《望江南·四时四首》之一：

> 山中好，最好是春时。
> 红白野花千种样，间关幽鸟百般啼。
> 空翠湿人衣。
> 茶自采，笋蕨更同薇。
> 百结布衫忘世虑，几壶村酒适天机。
> 一醉任东西。

丘处机《凤栖梧·寄东方学道者》：

> 天下风光何处好。八水三川，自古长安道。锦树屏山方曲绕。天涯海角谁能到。
> 既是抛家须早早。云水登程，莫恋闲花草。直至潼关西岳庙，教君廓尔清怀抱。

丘处机《贺圣朝·洞天深处》：

洞天深处，良朋高会，逸兴无边。
上丹霄飞至，广寒宫悄，掷下金钱。
灵虚晃辉，睡魔奔送，玉兔婵娟。
坐忘机、观透本来真，任法界周旋。

丘处机所创作的诗词题材多样，有写景诗、赠答诗、抒怀诗、修道诗等，内容也不局限于传道，而是涉及更广阔的外部世界。丘处机有着西行经历，他在西行途中用诗句记录了异域风光，这类诗词没有宗教的痕迹，是很纯粹的文学作品。作为一个诗人，他在旅途中以新奇的眼光审视着外部的世界。《南望大雪山》是这样描述大雪山风光的：

造物峥嵘不可名，东西罗列自天成。
南横玉崤连峰峻，北压金沙带野平。
下枕泉源无极润，上通霄汉有余清。
我行万里慵开口，到此狂吟不胜情。

丘处机所创的诗词意境十分含蓄，总体来看，丘处机继承了唐宋诗词之长，不追求华丽之辞，有朴实、流畅、明快之风。部分诗词直接反映了社会状况和人们的生活，具有强烈的现实主义精神。

丘处机的《摄生消息论》广泛吸取了《黄帝内经》《千金要方》《混俗颐生录》等养生典籍的养生智慧，并结合历代养生家的养生实践，将其融会贯通，传统养生学的精义尽在其中。在广泛吸收前代道家、医家典籍中养生理念的基础上，丘处机结合中医学脏腑理论与五行生克的原理，将人体脏腑的变化与四时、五行等相联系，对四时精神调养、起居饮食、疾病防治、保健方法等进行了具体阐述，简明扼要、操作性强，适合一般人养生之用。

《摄生消息论》的养生理念格外重视脏器的养生，并与五行学说相结合，还对四时对应脏器的情况进行了详细的介绍，包括肝脏春旺、心脏夏旺、肺脏秋旺、肾脏冬旺。在各部分中，都对脏器的形态、位置等进行描述，并论述当季脏器特性及疾病的防治，其中尤其强调通过饮食上的五行生克来进行调养。除了饮食上的调节外，丘处机还介绍了许多有用的药方，比如"升麻散"，具有清热解毒的功效；"肾气丸"，主治肾气不足、耳聋、眼疾等。这些药方都符合医理。

另外，《摄生消息论》还介绍了多种保健方法，大多简便易行，具有很好的保健效果。例如，叩齿法是一种传统的保健方法，强调要于夜卧和黎明时刻，叩齿三十六通；同时要根据季节的不同，口呼不同的文字，如春季时，可以口呼肝神之名，能使神清气爽，而在秋季，则"呼肺神及七魄名，以安五脏"。

这本养生著作论述四季养生，和人们的生活最为接近，故对当代养生来说有一定的价值。

第四章
长春观的往事

丘处机的弟子遵循使命，在全国各地传教。武昌长春观，据说便是这时所建。李理安编纂的《长春观志》前言中指出，关于长春观的建造年代有数种说法，从目前所有的史料来看，该观当建于元代，以纪念道教全真派北七真之一的长春子丘处机。而具体建造长春观的人已无法考证。长春观在风云变幻的中国近代，由于道长们竭尽全力，多方化缘，一度得以复兴。就连远在江西的庐山，历史上也设有长春观的下院白云观，一方面用于传道，另一方面供道人避暑。

第一节　历史沧桑

传说远在春秋时期，老子就曾经到楚国双峰山麓的松岛，即现在武昌长春观所在地，传播道家思想。岛在水中，碧水连天，和道法自然、上善若水的理念完全吻合。人们为了纪念他，在此建老子宫，此为长春观的雏形。北宋期间，双峰山建有元庆观，为天师道场。南宋的朱熹在他的《鄂州社稷坛记》中大致说明了长春观的方位，是在"城东黄鹄山"，大小为"东西十丈，南北倍差"，主要建筑为"四坛"。

长春观崇奉的道教全真派，兴于宋金时期，盛于元朝。全真龙门派祖师长春子丘处机真人因"一言止杀"被成吉思汗崇奉为"神仙"，并拜为国师，全真道从此兴盛，长春观正式名称落定。清代长春观仙真代出，"屋宇千间，道友万数，香火辉煌"。但是，武昌长春观早期的具体建造人、时间、过程，缺乏准确的记载。武昌长春观历史上经历过四次修缮和重建，分别是在明永乐十二年（1414年）、清康熙二十六年（1687年）、清同治二年（1863年）和民国二十年（1931年）。如今的长春观，主要建筑就建造于同治二年。

一、重建宫观点滴

长春观处武昌要冲，为兵家必争之地，历经战火，观宇建筑屡次重建。

长春观曾于咸丰二年（1852年）毁于战火，所有资料皆不可寻，只有同治年间和民国年间修建和修缮的记录较多。

清末太平军与清军曾三次争夺武昌城，太平军视佛、道二教为异端，遂毁长春观。

第一次争夺始于咸丰二年（1852年）。太平军由陆路攻占武昌大东门外的洪山、小龟山、紫荆山等处清军营垒，进而包围了武昌城。湖北提督双福即下令调进城外清兵守军，紧闭城门，又下令烧光城外民房，致使居民无家可归，纷纷投向太平军，并告知城内虚实。太平军根据情报，选择要害处，在文昌门外挖洞埋下炸药，炸塌城墙二十七丈。太平军在洪秀全、杨秀清等指挥下，全歼守城清军6000余人，湖北巡抚常大淳自尽，湖北提督双福等被杀。

第二次争夺是在咸丰四年（1854年）。四月初，鄂北各路太平军云集于武昌城外，久攻不下，年仅18岁的陈玉成侦知城内粮尽，守军饥疲不堪，便带领500人从梁子湖绕到武昌城东，以300人佯攻，以200人埋伏于僻静处摇旗高呼："天兵登城了！"清兵惊散，太平军再克武昌，巡抚青麟被清廷以弃城越境罪正法。

第三次争夺是在咸丰五年（1855年）。太平军在鄱阳湖口大败湘军后，急速进军，于正月初七占领汉阳。二月十七日，分水陆两路进攻武昌城，杀进武昌的青山镇，进占塘角，直捣武昌城下，猛攻城北门，占领武昌。长春观和长春门，成为太平军三次攻占武昌的军事战略要地，遭受了战火蹂躏。

清王朝在湖北督办军务的钦差大臣官文，看到遭受炮火后残破不堪的武昌城，只能寄希望于神仙显灵拯救民众。

清同治三年（1864年），龙门派第十六代传人何合春自武当山来长春观，发愿重修长春观。这次重建在《长春观志》中有记载："同治三年，合春由武当山来，发愿恢复壮观。"

何合春道长广结善缘，得到当地官员和士绅赞助，募得款项，恢复旧观，并加以扩展。长春观逐步进入兴盛时期。

钦差大臣官文大人，捐银二千八百两，修葺太清道祖大殿。清同治二年（1863年）八月吉日，长春观住持何合春和道众一起刻碑记录。

民国十四年（1925年），侯永德任监院，得到督军萧耀南、名士项竹坪的捐资而修藏经阁。《长春观志》记载："维时道宗嗣法，侯永德方提点观事，本其阐宜宗教之诚恳，以劝募当世。大殿法堂，右垣左城，以暨庋经之阁，来鹤之轩，既次第修葺，而所谓之三皇殿者，地则临山耸壑，垫则拔地于霄。"那时的主要建筑藏经阁、来鹤轩、三皇殿等十分壮观。

侯永德主持长春观时期，专门上书当时的省政府主席夏斗寅，要求保护长春观的山林，得到批复。武昌县政府也非常重视，发布了保护布告。侯道长有理财经验，得道多助，任职期间，新修和重修的长春观建筑有藏经阁、西客堂、厝屋、二神殿、古先农殿、云厨、纯阳祠、大士阁、来成楼等。

二、辛亥硝烟烽火

辛亥革命起义，曾以长春观为掩护。起义爆发后，革命军在蛇山上的炮火直捣湖广总督衙门，清军炮火还击，炮弹四处飞扬，连累了蛇山东边的长春山（双峰山），长春观建筑遭殃。那时蛇山、双峰山、小洪山基本上连成一体，东西方向，相互呼应，中山路尚未打通（蛇山东部和双峰山西部山体没有被切割修路）。辛亥革命志士蓝天蔚，当年不幸被害后，灵柩曾暂放于长春观。

蓝天蔚（1878—1921年），湖北黄陂人，早年曾在日本参与发行革命刊物《湖北学生界》。回国后，加入日知会，宣传革命派思想。后在清军中任职，驻防奉天。武昌起义后，蓝天蔚准备响应起义，因事情败露，被总督赵尔巽逐出奉天，出走大连、上海。后返回奉天，被举为关东革命大都督，孙中山亦任其为北伐军第二军总司令。袁世凯称帝后，蓝天蔚不与之同流，参加反对北洋军阀的斗争，任鄂西联军总司令。1921年在四川被害。1928年，其灵柩被移回武昌长春观内，随后公葬于伏虎山。

三、北伐军事指挥部

1926年北伐战争中，北伐军叶挺独立团驻扎在武昌城墙外的长春观，将前线指挥部设立在长春观的制高点三皇殿。时任北伐军总政治部主任邓演达、副主任郭沫若和苏联军事顾问铁罗尼等在此参战。当时的战斗非常激烈，长春观的道藏阁、来成楼和三皇殿等建筑均遭炮弹击损。督战的邓演达衣袖被子弹击穿，指战员兼俄语翻译纪德甫殉难。

邓演达当时是武昌攻城总指挥，他曾任黄埔军校的教务长，由他率领的北伐军士气很旺。一场鏖战在武昌城外展开。长春观地处双峰山，地势高，是距离城门最近的制高点，与武昌大东门城墙高度差不多，因而成为北伐军的指挥部和前沿阵地，那里上演了一幕幕激烈和悲壮的战斗。北伐军立志拿下武昌，武昌城下北伐军第四军第十师在保安门、宾阳门一带，第十二师在南湖、新店镇一带，第一军第二师在街头口、徐家棚、石眼井、董家湾一带，三面包围武昌，邓演达指挥各军奋战，并两次组织敢死队发起爬城战斗。

吴佩孚决心死守三镇。他加派刘佐龙为汉阳防御司令，刘玉春为武昌城防司令，高汝桐为汉口防守司令，并恢复靳云鹗的"讨贼联军"副总司令名义，授予节制陆海军全权。吴佩孚下令关闭武昌城各门，在城墙上安置炮位，沿城根挖战壕，筑炮兵阵地，重新部署武汉防务。湖北省军务督理、"讨贼联军"鄂军司令陈嘉谟会同第八军军长刘玉春，率精锐部队三万多人固守武昌待援，刘佐龙师守汉阳，高汝桐师守汉口，形成隔江三足鼎立的态势。

邓演达主持召开军事会议，与郭沫若、铁罗尼等商讨对策。当时的局势是城里的敌人没有动静，想死守以待援军，需要提防其夜间出城来袭。邓演达表示欢迎敌人来袭，指出敌人要是出城夜袭，那是他们自掘坟墓，北伐军就可以乘势打进武昌城去。军事会议决定发起总攻：第八军袭取汉阳，攻占汉口，进击武胜关，截断南下增援的敌军；第四军、第七军、第一军第二师进攻武昌城。通湘门、小东门、大东门、平湖门、草湖门、保安门外，都有激烈的战事。当时，武昌城上敌兵来往频繁，忙于构筑工事，城墙周围有照明灯火，城外地形平坦，敌人居高临下，攻城部队不易接近，接近了也无法攀登。吴佩孚在蛇山、凤凰山架

纪德甫在担架上，左为邓演达，右为铁罗尼

重炮、机关枪射击，停泊在江面上的军舰也不停地开炮，北伐军攻城部队处于敌人火力网下，伤亡很大。

总攻时，邓演达和铁罗尼冒着枪林弹雨，在最前线——宾阳门外的长春观指挥各军奋战。

长春观是丘陵顶上的一座庙宇，四周是红色的围墙。那儿的地势高，和城墙的一角几乎在同一水平线上，和城墙相隔也只有二三十丈远。北伐军就躲在围墙背后，用驳壳枪同城上的敌人对射。敌人知道这边有人埋伏着，用机关枪对准扫射，枪弹如雨点。俄语翻译、共产党员纪德甫把头伸出去探看外面的形势，正回过头来向坐在墙脚的邓演达和铁罗尼报告，突然中了弹，邓演达赶紧扶住他，顺势把他卧放在地上。纪德甫用微弱的声音说了一句"我不要紧，请你们留心敌人"，便没有声息了。邓演达抱着他的遗体，声泪俱下，接着从本子上撕下一页纸写了一封信，让他的护兵杨升送给郭沫若，通报纪德甫牺牲的消息。

纪德甫是山东人，中学毕业后便到苏联留学，在莫斯科加入共产党。为中国革命形势所迫，提前回国。他作为军事顾问铁罗尼的翻译，活跃在北伐前线，在受伤弥留之际仍然心系战场，将个人的安危置之度外。

郭沫若对老朋友纪德甫的阵亡非常悲痛，写诗悼念，特别提到攻克武昌城时期北伐军与长春观的密切关系：

一棺盖定壮图空，身后萧条两板铜。
沉毅如君偏不禄，人间何处吊英雄？
回思夜袭临歧语，不破坚城矢不归！
今日成尸横马革，难禁清泪滴君衣。

患难相随自汨罗，阵中风霜饱经过。
人生自古谁无死，死到如君总不磨。
一弹穿头复贯胸，成仁心事底从容。
宾阳门外长春观，留待千秋史管彤。①

后来，邓演达召开军事会议，认真总结二十多天来攻城、围城的经验，积极筹划下一步的攻城方案。邓演达指出，围是为困住敌人，攻才能消灭敌人，围是为了攻。经过实地侦察，他提出采用地道战的打法。经过讨论，决定在有掩护的地方挖掘三条地道通到城下。挖坑道时，共产党组织粤汉铁路工人和矿工一百多人前来协助。邓演达亲自指挥并动手挖掘，日日夜夜，与士卒同甘苦，滚得一身泥。

叶挺率领独立团勇敢战斗。他掩护坑道作业，派出一个连的兵力，外加机关枪排一个排前来支援，并把缴获的一列铁甲车开到通湘门车站附近，跟随铁甲车前往指挥。第十二师在宾阳门附近挖掘地道，第十师在武胜门附近挖掘地道。有时挖出了水，有时又挖得地面凹陷下去，更有两次挖到了护城壕，护城河水还把地道冲了，只得重新开始。广大官兵费了不少力气才把坑道挖通。当三条地道快挖掘到城根时，因新土在地面堆积较多，城上敌军发觉以后，与北伐军的活动堡垒——铁甲车发生激烈交火。

叶挺独立团在攻占武昌城的战役中，敢打敢拼，冲锋在前，战功显赫，但伤亡也很大，一营营长曹渊等191名官兵壮烈牺牲。北伐军攻克武昌城后，为纪念攻城牺牲的将士，北伐军总政治部批准了中共独立团特别支部的建议，将停放在长春观的烈士灵柩葬于洪山。1927年初，

---

① 郭沫若：《北伐途次》，潮锋出版社，1937年。

曹渊烈士纪念碑

由叶挺主持修建烈士墓。立碑刻有"国民革命军第四军独立团北伐攻城阵亡官兵诸烈士墓"字样和独立团一营营长曹渊等191位牺牲官兵的名字。这里现在为湖北省文物保护单位,铭记着北伐英雄。每年清明节常有市民前来扫墓纪念。

武昌城攻破后,消息传到汉口时,汉口正在开十万人的庆祝"双十节"大会,全场沸腾,人们纷纷脱帽鼓掌,挥臂高呼。

郭沫若的《北伐途次》是回忆性散文集,再现了攻打武昌城及发生在长春观的战斗。郭沫若以真挚的革命感情,描写了北伐军攻打宾阳门的激烈战斗。

后来长春观仍与军事机构发生关联。抗日战争胜利后,1946年全国重新划分师、团管区,鄂东师管区驻武昌长春观,司令为少将陈襄谟。1949年5月12日清晨,解放军逼近武汉,华中"剿总"曾撤到武昌长春观。

邓演达在军民联欢会主席台上

四、武昌县政府办公地

长春观和政治息息相关。道观的场地，有时成为政府机关的临时活动场所。新中国成立初期，长春观成为武昌县政府办公地，在新政权运行和建设中，发挥了极其重要的作用，见证了武昌县清匪反霸、抗美援朝、土改工作、"三反""五反"运动等重大历史事件。

1949年5月武昌县解放，6月10日，武昌县人民政府成立，同年10月，武昌县人民政府机关迁至长春观内，在此日常办公，举行各种会议，一直到1957年才迁走。道人们在此期间仍然在长春观进行活动。

1957年7月1日，武昌县政府机关迁至傅家坡。但是重要会议的会场仍然设在长春观。例如1957年9月，武昌县工会联合会第二次代表大会就是在武昌长春观召开的。

第二节　道长的贡献

近代以来，武昌长春观在曲曲折折中不断发展。长春观的道长们励精图治，广结善缘，为复兴长春观立下了汗马功劳。

一、何合春道长修复道观

何合春对于长春观的重建，功不可没。

何合春，籍贯、生卒年月不详。李理安编纂的《长春观志·何合春传》有简明的记载和评价："性俶傥，志量轶群，有兴教起废之功。"

清代末年，太平天国军队进入武昌，将长春观烧毁，道士们东奔西走，道观名存实亡。

1864年，龙门第十六代宗师何合春从武当山来到长春观，见神圣之地尽毁，只剩一片废墟，甚是痛心。于是坐地化缘，发愿修复圣地，兢兢业业，勤勤恳恳，矢志不渝。长春观得到湖广总督官文及江南提督李世忠的捐助，进行了大规模修缮。

当时官文走出武昌城，到洪山寻找清军战死之处，归城西眺二坛（神祇坛、先农坛），只见光芒万道，化为彩莲，心向往之。过长春观之门，他看到颓墙破垣，唯老子之像熠熠生辉。回官衙后，官文召集江夏士绅资助复建长春观。

何合春在长春观破败的局势下，筚路蓝缕，惨淡经营。长春观之重修，大半系官文所监造。李世忠亦过游此地，见老子像巍然屹立，愿资助七百两黄金。

何合春道长在大难之际，广结善缘，办事果断，修复长春观。他仙逝后葬于武昌洪山千子冈的长春观墓田，历史上曾有墓碑。

　　长春观建于元代，历史悠久，但在武汉三镇，其地位及影响曾不如汉阳的玄妙观、武昌的武当宫。《大明一统志》《大清一统志》中均未记载长春观，却有玄妙观与武当宫，就是明证。官方管理武昌道教事务的机构道纪司，也一直设置在武当宫；汉阳道纪司设立于玄妙观。自何合春来到长春观后，长春观面貌焕然一新，地位上升，大有后来居上的气势。现在玄妙观、武当宫都不复存在，长春观成为武汉市城区最大的道观。

二、侯永德监院广结善缘

　　20世纪二三十年代，武昌长春观仍保持了很好的发展势头，离不开监院侯永德的努力。人们亲切地称他为"侯爷"。他励精图治，为长春观广置田产，使宫观得到扩建；又乐善好施，获得社会各界一致称赞。

　　1925年，长春观得到湖北督军萧耀南、名士项竹坪的捐资而修藏经阁，辛亥革命元勋黎元洪赠匾"大愿圆满"，萧耀南赠匾"道岸同登"。

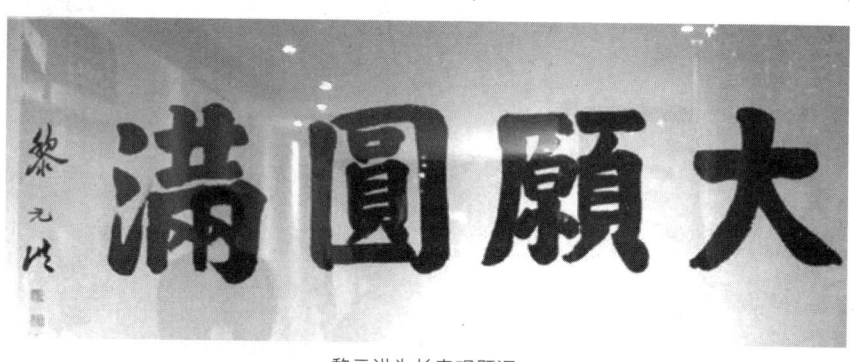

黎元洪为长春观题词

1931年，侯永德道长又获得湖北省政府主席夏斗寅的支持，对道观进行大规模修缮，长春观建筑群格局终于完成。侯道长一方面广开财源，加强宫观内部管理，扩修庙宇，实施传戒，服务民众；另一方面与湖北军政要员、工商界人士、广大信众密切交往，致力于公益慈善事业，古老的长春观声望越来越高。侯永德的故事，最早记录在李理安编纂的《长春观志》里。

（一）简单履历

侯永德（1877—1943年），字静恬，河南汝州人，自幼慕道，崇仰神仙，勤读道书。然因出于孝心，侍养父母，不能出家远游，遂以钱庄为业，娶妻生子。等到双亲去世，他将钱庄交与妻子，作为母子生计来源，自己至嵩山拜中岳宫范教成道长为师，成为龙门正宗第十八代玄裔弟子。侯永德谨遵师命，至南阳玄妙观受戒，戒期为一年。侯永德出家之时三十岁上下。

受戒之后，侯永德南下，参访武汉四大丛林，又到上海白云观、北京白云观管理财务。民国初年，与道友一起到沈阳太清宫挂单。几年后复入上海白云观。他于民国四年（1915年）入住武昌长春观，任知客兼化主达八年之久。

民国十二年（1923年），长春观监院陈宇定因年迈而退座，侯永德执事严谨，被道众公推为继任之人。从此长春观进入由侯永德任监院的时期，直至他1943年因中风而羽化。

侯永德去世于汉口利济路大道观，享年六十六岁，就殓于大道观。1944年3月20日，武汉市各慈善团体与寺观在大道观举行公祭，第二天上午由大道观移灵至长春观公葬。其墓在长春观东侧。长春观山上建有侯爷亭以资纪念。

今天的江西庐山风景区国际豪生酒店附近的白云观路，有石刻"白

长春观丛谈

侯爷亭

庐山白云观路石刻"白云深处"

云深处"四个大字，字径盈尺。落款为：住持侯永德、监院张合路题。侯道长在"夏都"庐山建有"白云观"，作为武昌长春观的下院，以供道人避暑和传道。

（二）得道多助，建设宫观

侯永德对长春观的内部建设，获得了社会各界的支持。他广结善缘，置购田产，修复和扩建建筑，采取系列措施保护房地产。

❶ 置办田产

这些故事，在前面已经有所叙述，后面也将再次说明。

❷ 兴复宫观

侯永德任职期间,在长春观新修和重修了一批殿宇。

藏经阁落成后,名士应龙翔捐赠上海涵芬楼影印的明版《正统道藏》一部,入阁珍藏(长春观原藏有明版《正统道藏》,清代咸丰年间毁于兵燹)。

1926年北伐战争期间,长春观的道藏阁、来成楼、三皇殿均遭炮火损坏。侯永德通过劝募来修复或重建。

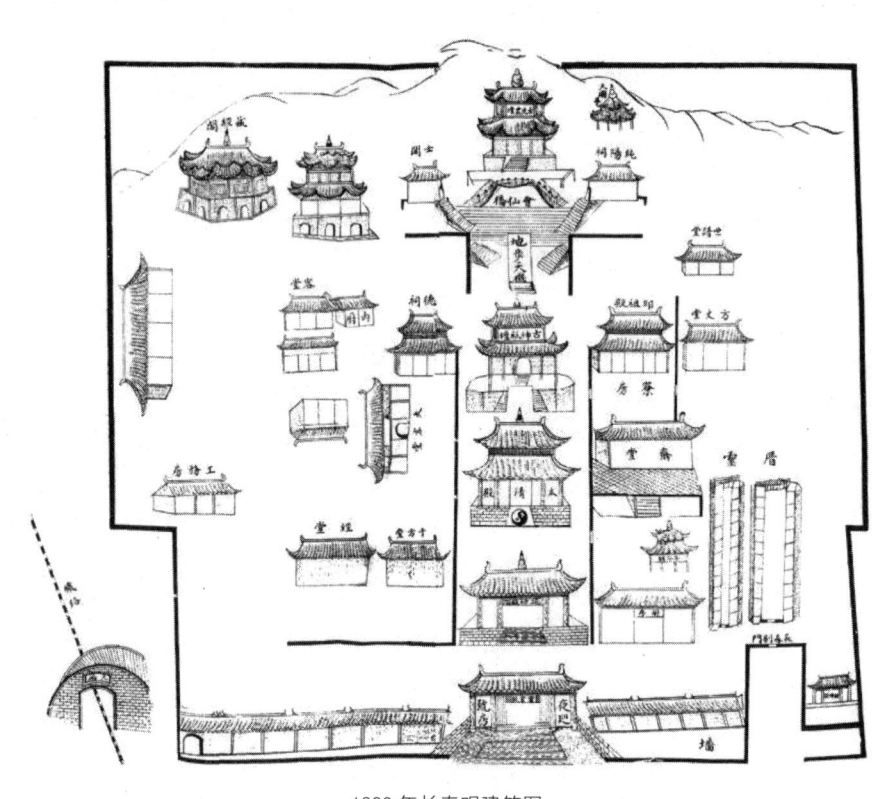

1936年长春观建筑图

1936年李理安编纂的《长春观志》中绘制有长春观建筑图，再现了当时长春观完整的风貌。

此时的长春观坐北朝南，形成左、中、右三路建筑格局，层层依山递进，从南麓一直升至北坡。中路是道观的主体建筑，共五进。第一进是灵官殿，供有王灵官泥塑神像一尊。第二进是二圣殿，供奉关公、岳飞等神像。第三进为太清殿，供奉太上老君骑青牛的木质雕像，其西为雷祖神像，东为真武神像。第四进为古神祇坛。第五进为古先农坛。

右路建筑有十方殿、经堂、大客堂、功德祠、大士阁、来成楼和藏经阁。左路有斋堂、寮房、邱祖殿、方丈室和纯阳祠等，共有大小殿堂30余间，建筑面积6700余平方米。长春观的整体布局，严谨合理，错落有致，主体建筑为砖木结构，宝瓶玉脊，单檐舒翼，精致典雅，是都市中少有的复古建筑群。

❸ 保护山林

侯永德一面组织人力修建垣墙，一面多次呈请地方当局，由政府颁布命令，禁止破坏长春观四周风景。他的呈请，得到湖北省政府主席夏斗寅的批示。长春观背依的双峰山，奇石林立。晚清民国以后，常有人挖山石以牟利，长年不断，"致将名胜山腹及近山地段挖成坑穴，不独有碍观瞻，实属破坏省会形势"。

夏斗寅于1933年7月19日悬布告禁止斫伐。随后由武昌县政府、湖北省公安局第三分局同时发布告示，以保护长春观四周景致。

布告明令禁止破坏自然景观。布告强调，根据侯永德禀报，长春观双峰山环境优美，道观历史悠久，是非常珍贵的文化景点，损害山体，大煞风景，神灵不安，会破坏风水宝地。

长春观的石阶

❹ 组织传戒

强化内功，成为侯永德在长春观的一大任务。传戒，为道教全真派的重要礼仪之一，对于全真派的延续和全真道士身份的传承，具有不可估量的意义。传戒中使用道具，储备主副食品，修制圜堂桌床，聘请传戒大师，雇成衣匠、锡匠、刻字匠，印刷经典、戒牒，制作受戒道士的规、钵、简及所穿的戒衣等一切费用，均由举办传戒的宫观筹措，开支很大。进行大规模的传戒活动，是一个道观综合实力的表现。

1925年，时任汉阳玄妙观监院刘嗣授向侯永德及长春观道众建议举行传戒。是年，长春观道藏阁建成，又距长春观第一次传戒刚好60年。此时的长春观，不仅声望显赫，经济实力强大，而且有省市重要人物的支持。他的提议，得到侯永德及长春观道众的响应。

此次传戒，获得圆满成功。参加的戒子共有470多名，经考试合格者共454人，参加人数之多、来源之广，在清代以来全真宫观传戒历史上也是不多见的。武汉三镇道场、善堂林立，崇拜道教的人大大增加。传戒结束后，刘嗣授任长春观方丈，众道友还请他定期向道众和乐道之人宣讲《道德经》《参同契》等经书。此外，长春观的高道也应各社会团体的邀请，前去传播道家思想。例如，长春观的陈诚德道长，应邀到邻近的博文中学宣讲，很受师生欢迎。

20世纪二三十年代，除了继续与湖北军政大员、工商界人士保持紧密联系之外，侯永德还与有识之士联络，兴办教育，致力于公益与慈善事业，使长春观确立了作为武汉乃至中南地区一座主要的全真宫观的地位。侯永德也获得多方赞扬，著名文史专家王葆心撰写了《长春观善信功德记》的碑文，赞叹道："提点独于此数年中振刷精神，提倡道德，开演律宗，大阐玄风，以诚恳笃至，激动有气力之信官善长，为之赠输道典全藏，为之倡建庋经之桀阁，为之旁拓来鹤之高轩，为之崇饰普门纯阳栖灵之法堂。其时夕奔走，四众喜舍之义资，用之于讽灵文，以蕲海宇之奠安。"

（三）广结善缘，服务社会

侯永德率领道教界常与其他慈善组织进行联合行动，在武汉三镇留下了很好的声誉。侯永德主动服务社会，获得各界赞扬。他在长春观举办祈祷世界和平会。他主持的祈雨仪式，也给当地民众留下了深刻印象。

1923年武汉大旱，湖北督军萧耀南于长春观祈雨，请侯永德主法。当时的《申报》曾经有记者报道。祈雨获得成功，萧耀南立即捐款2000银元。

❶ 救助旱灾

1924年至1925年，武汉地区遭受了严重的旱灾。长春观在监院侯永德道长主持下，开展了赈灾济贫工作。长春观的道人们冒酷暑施茶施汤，寒冬散赈米粮近千石，对生者送诊施医，对死者施棺掩埋。

1927年，陕、甘等地又遭遇大旱，大批灾民来到武汉，许多孤儿难童流落街头，于是侯永德道长在商人计国桢等的物力支援下，在长春观举办难童孤儿收容所，先后收养来自陕、甘地区难童孤儿近千人。

❷ 救助水灾

1931年，武汉水灾严重。按当时的说法是"震惊中外"，"惨绝人寰"。当时整个汉口未淹面积仅0.5平方公里。汉阳县城街道淹水4尺左右。武昌仅大东门、通湘门外一带和凤凰山、中山路等山前一隅高地未淹。汉口乃至邻近县乡灾民大量拥入武昌，人数在20万左右。湖北水灾急赈会省会办事处筹设粥厂三处，第一粥厂设在通湘门外梅家山，由培善、至善、诚善等善堂负责；第二粥厂设在长春观，第一天共煮米23石，就食灾民9600多人；第三粥厂设在宝通寺，第一天共煮米14石，就食灾民5000多人。社会各界称赞长春观侯永德道长"办理施粥，颇有经验"。

长春观为第二粥厂，对灾民施粥。同时，长春观也开展了义诊和施药活动。这一年，共发放救济水2万瓶，为难民义诊2.8万人次，诊费支出折合法币计3358.8元。

据当时的《武汉日报》报道："长春观粥厂添设炉灶，每日可煮米九十余石，就施者达三万余人。""大东门长春观粥厂，灾民乞粥人数，每天约二万八千余，自十八日起，二十三日止，用米三百四十八石八斗，用柴三万六千二百九十八斤。"

1931年洪水后，长春观还设立了收容所。当时有300多名难民到长春观山上躲灾，长春观搭建了棚子提供给灾民。施粥及赈济难民之事，由侯永德率领武诚德、李崇钦等道人主持。

1935年6月下旬，汉江上游普降大雨，洪水倾注，下游各县尽成泽国，尤其是天门、沔阳、汉川、孝感等县全遭水淹，受灾情况十分严重。武汉各慈善团体又推举侯永德携所募捐的粮、物、款赴天门赈灾。当年冬天，侯永德又与计国桢等人为天门缺衣少食、贫病交加的灾民筹得2000元（折合法币）、棉衣500套。但与灾民的需要相比仍属杯水车薪，故向社会呼吁捐助。《申报》为此刊发消息，长春观侯道长的义举广为流传。

❸ 医疗救助

长春观送诊施药，用发号签的办法，让病人依次就诊，不收挂号费，故看病的人很多。贫苦群众有病无钱治者，唯有靠善堂施舍的医药解除病痛，所以长春观联合善堂送诊施药，对穷苦的百姓是有大恩的。

侯道人在长春观多年，聘请内、外、妇、幼各科中医及药剂人员共十余人，病人只需按顺序取号，分科就诊，概不收费。据说每日有几百人前往就诊。

❹ 办学兴学

近代新政，政府经费捉襟见肘，图谋庙产，提取庙产的范围不断扩大，道观房地产也在提取之列。1926—1931年各派军阀及国民政府觊觎数目庞大的庙产，道教庙产遭受社会多方势力瓜分，道士数量日益减少。

侯永德以其人格魅力和卓越的交际才能进行周旋，为长春观赢得了发展的空间，使长春观不仅保持了宫观的完整，而且一直处于上升之势。侯永德顺应形势发展，主动在长春观西院的来鹤轩道院举办贫民学校，招收贫民子弟百余人免费入学，并赠书籍、抄本、用具。

新中国成立后，学校由政府接着承办，演变为后来的大东门小学。

❺ 安葬亡人

侯永德在任时，对厝灵屋进行了整修与扩建。厝灵屋，也叫滋生堂，是暂时存放尸体的地方。过去一些来武汉经商的外地商人，有的死后一时难以运回原籍，故暂放在厝灵屋里，等到原籍来人后，再取出运走；也有的就一直放在里面，故称厝灵。长春观的道人们每逢清明、冬至等节令，总是为这些死者做道场，超度亡灵。到了民国初年，厝灵屋停尸者越来越多，灵柩多得放不下。道士们干脆把他们土葬。

1936年，武昌修环城马路，蛇山一带坟墓众多，一时白骨遍地，无人掩埋。社会好善人士便筹资雇人收尸掩埋，侯永德又被委任其事，带领道众捡得白骨上万具，装棺木1970余口，仅运输及掘坑掩埋费即达2000元（法币）以上。因"天暑气薰，蒸袭肺腑"，参与其事的道长李崇钦"染病月余始愈"，足见当时工作的辛苦。

长春观的慈善活动从未停止。面对近代湖北的天灾人祸，道教界不是消极出世，而是积极投身到救济活动中去，为近代湖北慈善事业作出了贡献。侯永德与三镇致力于慈善事业的各界多有合作，《长春观志》有详细记载。

总之，侯永德监院在长春观历史上功不可没。他是当时闻名武汉的慈善人物，人们赞扬他为"大善人""利济道人"，他当时可以说是"妇孺皆知"，"汉缙绅皆乐与之游，即贩夫走卒亦鲜不知侯道人者"。

侯永德道长、武诚德道长和裴至德道长，皆以德字命名，合成为"三德"道长，为长春观复兴竭尽全力，实乃长春观之幸。

三、武诚德道长急公好义

武诚德是山西大同人,生卒年月不详,从小就十分勤勉,曾做过地方小官。但是他生性喜静,感觉在官场不适应,就到北岳恒山出家。他云游四方,见多识广,曾募捐建白云观,后来到了武昌长春观。他为人善良,积极主动协助监院办事,救助灾民,任劳任怨,备受赞扬。

他曾经上书行政院、内政部,主张修复全国文庙和武庙,倡议多达十几次,最后终于得到批准,于是声名大振。1936年,政府拨款120万元(法币),修复山东曲阜文庙。又通令全国修复文庙和武庙,祭祀典礼也得以恢复,传承了礼乐教化。武诚德功不可没。

他还上书政府,呼吁垦荒兴农、祭拜五岳四渎、表彰先贤功德,其建议均被政府采纳。他为文化传承献计献策,难能可贵。

四、裴至德道长汉口呼应

裴至德道长与侯永德道长、武诚德道长团结合作,宛若"三驾马车",推动了武昌长春观的复兴。裴至德道长虽然身居汉口的大道观,但是大力支持和帮助长春观。侯永德道长虽在长春观,也是一直辅助汉口大道观的裴至德道长,可谓一唱一和,精诚合作。

汉口的大道观历史虽不久远,但因它地处商业中心,人来人往,十分兴旺,知名度远远超过其他宫观。

1946年,长春观和元妙观、大道观等联合成立寿木局。裴至德是汉口大道观同德寿木局主持人,施舍和出售棺木,为社会服务,一直到1956年寿木局移交武昌区木器行业。新中国成立初期,裴至德在道观兴办了道生德织布厂,购买了几台脚踏式织布机,吸收社会上的熟练工人来织布，道人也参加劳动，经济收入可维持观内道众生活。

1950年2月，裴至德与李崇钦、韩高超等人一起发起成立武汉市道教联合会筹备委员会，裴至德任副主任委员。

1952年，裴至德道长仙逝。此后观内住持一职长期空缺，兴盛多年的大道观遂走向衰落。现在武昌东湖之滨重建了大道观。

五、李崇钦道长收殓尸骨

李崇钦，生卒年月不详，在陕西太白山出家为道。他个性很强，卓尔不群，曾经和武诚德道长一起，联名上书国民政府，呼吁修复全国的文庙和武庙，最终获得了批准，因此赫赫有名。他酷爱学习，每天读书孜孜不倦。1936年，武昌修建环城马路，乱坟碍道，他主动参与，组织道友收殓尸骨。当时正值酷暑，尸体腐烂难闻，他染病数月，方才痊愈。李崇钦道长热心于公益事业，堪称榜样。

六、李理安道长编纂史志

李理安，字经轩，号千山道人。民国时人，生卒年不详。平素收集轶事，广搜丛林谱牒、碑版图史、考征通志，于民国二十五年（1936年）编纂《长春观志》四卷。他重刻长春观的天文图碑，使之成为长春观的"三绝"之一。

长春观在李理安之前没有史志，即使有也没有传承下来。长春观是道教著名的十方丛林之一，却因历史沧桑，凡道观盈虚、人事因革、祀典隆替等方面，多缺乏详细记载。特别是在清咸丰二年（1852年），长春观遭受兵燹，碑版鲜存，观中书籍化为灰烬。清光绪二十二年（1896年）李理安到长春观时，数典多忘，丛林志谱阙修若干年。在这种情况下，若不及时赓续，长此以往，茫茫坠绪，历史将无从查找。于是，李理安发挥自己在文史方面的专长，除向学道者讲授教理教义及天文地理知识外，还广泛搜集天下名山图说、旧闻。关于长春观之人和事，更是孜孜以求，加以搜罗。虽然过程艰辛，且发生过"交监院不存，惜失甚多"的事情，但"辛勤披校，午夜覃思"，终于在民国二十五年（1936年）编纂完成《长春观志》。这是十分珍贵的史料，是迄今可见的最有权威的长春观志书。

李理安的《长春观志》现在有多个版本，包括武汉出版社版本、江苏古籍出版社版本等。

李理安在书中提供了庙图、图跋和姬知常、潘九阳、何合春、刘嗣授、侯永德、武诚德、李崇钦、官文、萧耀南等人的传录，还有重阳祖师开道碑文、长春真人成道碑记、重建长春观大殿功德碑序、重修长春观三皇殿碑记、长春观善信功德记、湖北省政府批文、武昌县政府布告等。

《长春观志》搜集的史料丰富，视野开阔，涉及全国道教概况、主要史实和道家戒律信条。李理安下功夫之深，在兵荒马乱的年代实属难得。

七、刘嗣授道长得道传戒

刘嗣授（1870—1937年），原名宗海，字敬义，法名理授，号受之子，湖北汉川人。他自幼习儒书，20岁入天门县龙镇观出家。云游汉阳元妙观、苏州玄妙观等地，访师问道，由是道业精进。《长春观志》载嗣授精堪舆、阴阳术，尤明《易》理，亲为弟子讲解，循循善诱，从学者甚众。

相传刘嗣授在母腹中时，因母妊娠反应激烈，厌荤腥，喜清静。刘母在产前，梦见了道士，产后又发现婴儿印堂间有几寸长的白毫毛，认为他与道教有缘，故一直让他吃素食。李理安《长春观志·刘嗣授传》记载："母夜梦道士而生。幼操举子业未就，长斋茹素。"黄树森的《一代黄冠宗师刘嗣授》指出："胎时，母忽厌嚣茹素，荤臭入口，身遂不安。既生，乳不洁不食，地不静不寐，腥膻偶触，呕吐难安，喧嚣杂闻，啼惊莫已。甫四龄，就傅外王父家，说部则属意侠义，观剧则深恶言情。读圣贤书，咸能通晓其理，家人皆异之。"这说明他与道家非常有缘，他努力学习道家知识，矢志不渝。

刘嗣授老家的具体地方为湖北省汉川市田二河镇鸡鸣乡马潭村。4岁时，刘随外祖父习读四书五经，家教强调天、地、人三才，没有知识，不了解世界，就不能解释古人经典，亦不能化育人才，那就是白白过了一生。因此，刘嗣授严格要求自己，虚怀若谷，博采众长，凡是有知识或身怀绝技的人，他一定要拜师求教，虚心学习。12岁时，除《诗》《书》外，他还涉猎法、医、占卜、星相、堪舆等。因屡试不第，20岁时出家。他阅读玄观秘籍，游历武当、天台、南海、九华、五台、庐山、华山、衡山、嵩山等道教洞天福地，沿途拜访高道。

刘嗣授好学精神可嘉，有不少故事。其一，有位四川云游道士，声称自己有剑仙之术，刘嗣授恭恭敬敬地向他请教，道士说："你想学剑术，必须有大功大德，我才能传授给你。"于是，刘嗣授日夜研读道书，通读了《道藏》的全部经典，自此悟出道经的玄妙，认清了过去所学到的鬼怪神学只是民间肤浅的东西。他认为，能够解释宇宙玄妙、人生哲理的学问，是老子的《道德经》。其二，他到陕西华山时，向侠士罗某等请教阴阳八卦的玄妙技术；到湖南衡山时，向道长松阳子许公学习金丹大道的秘诀。黄树森评价刘嗣授："择居僻室，笃志受持，虔修不懈，暑寒无间，餐寝俱忘，一若面壁而非面壁，辟谷而非辟谷者，数十年如一日。从而攒簇五行，合和四象，七返九还，龙虎丹成。虽自有本来之根基，而实则苦志笃行之功果也。"[①]他勤勤恳恳学习悟道，终于有了自己独到的见解，能将汉代、宋代的易理合而为一，融会贯通，找出了易、数、理之间相通的规律，从而能够正确理解道经。

1909年，刘嗣授到武汉，入汉口斗姆阁，后到武昌武当宫，广结鄂、湘、苏、杭各地访道者，专心研究《易经》，将汉、宋易理融为一体，用易理剖析《道德经》，阐其玄旨，广受道众及社会人士推崇。

1919年，道教全真龙门正宗嫡派第二十一代传戒师陈真人在北京白云观传戒，刘嗣授前往求戒，因水土不服染疾，未能随班受戒。但他对道教的独到见解博得传戒律师"心许"，特为其单独传戒，授以"天仙大戒"戒帖。返汉后，刘嗣授任元妙观方丈。面对外国宗教派别在武汉三镇扩张状况，他力主传戒，广扬道教精华，让本土宗教发扬光大。

此后，刘嗣授任武昌长春观住持。1925年，逢长春观传戒年，刘嗣授与长春观监院侯永德联袂主办传戒盛会，以独到见解宣讲《清静经》，解释"圆规方矩"的起源与"阴阳八卦"的原理，深入浅出地阐明道学哲理，500多位求戒者，有454人合格，载入《湖北长春观乙丑戒坛登真录》，武汉地区道教由此得到更大的发展。刘嗣授成为全真龙门正宗二十二代传戒律师，也是一代道教黄冠宗师，并受邀到全国各地讲授道经。

武汉的军、政、商界大员对传戒盛会大力支持。长春观名流云集，

[①] 黄树森：《一代黄冠宗师刘嗣授》，《中国道教》，1993年第1期。

高朋满座，黎元洪视刘嗣授为稀世异人，执弟子礼，拜其为师，赠其"大愿圆满"匾额。

刘嗣授性怡静，年过花甲，仍精神矍铄，谈经论道，声如洪钟。于大道之外，多能技事，书则真草兼通，剑则卷舒随意，行医治病靡不精通。

刘嗣授孝友于家。他崇建祖祠，安迁祖墓，敬爱兄弟，教养侄嗣。他维护道门，无微不至，将自己的毕生精力献给了道教事业。为了重修庙宇，广开道场，他袒衣露臂，沿门苦行募化，众人被他的至诚所感动，纷纷解囊捐助。由他募化修建的庙宇有天门龙镇观、泗洲寺，汉川的白云观，汀汉湖的聚善堂等。

刘嗣授晚年在江西九江庐山建南阳草庐，绝俗养庐，但战乱、灾害连年发生，他不忍坐视民众疾苦，于是四处募捐筹款救灾。后欲再次传戒，忽双目失明，遂转汉口就养。1936年羽化于武昌长春观。

八、谢宗信方丈艰辛传承

谢宗信，祖籍武汉黄陂，1914年生于武汉市，为全真龙门派第二十三代弟子。1927年于黄陂木兰山道观出家，拜李理清道长为师。入道后他学习道教经典，深悟道德真义，诵道经，习科仪，学习道教传统医药和养生法，成为一个道教知识丰富、为人正直的道教徒。曾任黄陂国瑞庵、武昌长春观住持，北京白云观方丈，中国道教协会常务副会长。2005年羽化。

（一）行道医赫赫有名

医道同源，许多好道士同时也是好医生。谢宗信道长幼年受道教影响，随师傅学习道经及道教传统医药和养生法。他努力钻研，白天值殿扫院，夜晚便挑灯读书，阅读范围非常广泛，道教经书、儒家经典、用兵之道等，无不涉猎。这样他就可以游刃有余地综合运用自己所学为患者诊病治病。18岁后，他已精通中医外科的针灸、推拿，又将时间精力转移到钻研内科方面来。他常常随师伯到山野采药，掌握了辨别药物的方法，善于用草药解除老百姓的病痛。

谢宗信后被推选为木兰山道观住持。1951年，他任黄陂国瑞庵住持。由于政治运动波及道观，他只身到武汉从医，并在硚口区创办了汉水医院，自任院长，实行中西医结合疗法。由于他擅长将传统医药与道家养生相结合，慕名前来求诊的人很多，他总是尽量满足病人的要求，并且不收分文报酬，对贫穷者还给钱买药和资助路费。

谢道长是武汉市著名的中医、道医。他为人善良、待人热情、道行

谢宗信道长

高超、学识渊博、神态慈祥。平日来求医、参道者络绎不绝，他总是劝导人们要多积累功德，多行善，多做有益于社会的事，尔后修道才能有成效。他从不故弄玄虚，误人子弟。

（二）为长春观复兴绞尽脑汁

1981年，谢宗信当选为武汉市道教协会副会长。1982年，他毅然辞去汉水医院院长职务，常住武昌长春观，带领道众苦心经营，逐步恢复了古长春观庄严宏伟的原貌。当时武昌长春观还有部分殿堂被工厂、机关占用，而且年久失修，有倒塌危险，因而百事待举，谢道长肩上担子很重。他一方面依靠当地政府落实房地产政策，逐步收回在"文革"中被工厂、机关占用的房地产，维护道观的合法权益；另一方面筹集资金，逐步对危、旧殿堂进行修复，修复后还要新塑神像，置配香案、跪垫等。他在百废待兴、经济拮据的情况下寻求发展，难能可贵。

谢道长非常重视传道任务。他谦虚谨慎，平易近人，爱国爱教，传授八卦九宫图与中医术。在繁忙的工作中，他十分关注对年轻道徒的培养教育，亲自主持开办了多期道教培训班，教他们学文化、学经典、学斋醮科仪、学时事政治，多方面提高他们的素质，为道教培养人才。他言传身教，为武昌长春观的发展，立下了汗马功劳。

1985年，谢道长与湖北道教协会韩高超会长协商，由武汉市道教协会与中国道教协会、武当山道教协会联合举办"道教知识坤道专修班"，活动地址就在武昌长春观。他亲自撰写方案，制定章程，将专修班制度化、规范化。专修班学制半年，按期招收新生，报名条件是具有初中文化程度、年龄在20岁至30岁且有志于道教职业的女青年。由中国道教协会与坤道专修班共同出题，择优录取。课程分为宗教专业与文化专修。前者包括教理教义、修炼方术、道教音乐、经书仪范等内容，后者包括语文、地理、历史、政治等内容。课程修完后经考试合格者，发给毕业证书。本着哪里来哪里去的原则，由当地宗教事务部门、道教协会安排到具体宫观上岗，从事道教职业。

1984年3月13日，吴元真正式入道观，拜谢道长为师，受赐法号诚真，开始修真历程。谢道长严格要求和精心指导，特地从《道藏》中翻印出《女丹经》，供吴诚真学习，还买来文房四宝，让她学习书法。谢道长以父母情怀照料弟子，言传身教，就像一盏明灯，照亮了吴诚真前行的道路。针对当时道教界现有坤道人员严重老化、新生力量稀缺的情况，谢道长的做法可说是高瞻远瞩。

（三）社会服务，声名远播

谢道长眼界开阔，强调道教要服务社会，他认为社会的发展和经济的腾飞，必然带来老百姓对健康需求的升级，市场经济为道教服务社会提供了新机遇。譬如，养生、医学方面，道教有自身优势，完全可以利用起来，变"贫道"为"富道"，既有利于道教发展，也能满足社会需求，实现双赢，何乐而不为？武汉市道教从业人员近百人，且有不少是丧失劳动力的老人，这近百人的生活自养问题，也是谢道长要设法解决的。他因地制宜，从长春观的实际人力、物力出发，开办了道家素食馆、蜡烛生产组等多种服务机构，谋取宫观自养。他主持开办丘祖诊所，为各地患者开方，治疗疑难杂症，每天拿号排队就诊者如云，成为一时气象。其时，长春观还开办了照相馆，方便了游客，也使道观有一定的创收。

1989年冬，谢道长参加北京白云观传戒盛典，授方便戒，成为道教大师。1992年3月，他当选为中国道教协会第五届理事会常务理事、副会长。

（四）国际交流，视野开阔

1988年，武汉市各宗教团体在独立自主、互相尊重、平等友好的基础上，扩大了宗教方面的国际友好交往。武汉市道教协会副会长谢宗信道长应加拿大多伦多市道家太极拳社和蓬莱阁道观分院邀请，于1988年6月份前往主讲道家哲学和道教气功健身法。这是新中国道教史上第一次派道士出国讲学。谢道长年近八十，深谙道教动静功法，因而他的演讲很受欢迎。谢道长载誉而归。

1995年，在伦敦召开了世界宗教与环境保护联盟首脑会议。在谢道长的率领下，中国道教代表团参加了这次会议。谢道长登上世界宗教大舞台，发表了《中国道教关于生态环境保护的宣言》，展示了中国道教的时代担当，阐释了中国道教天人合一、道法自然的生态理念，得到国际环保组织专家学者的高度重视和中肯赞许，他们认为中国道家生态

谢宗信（右四）访问加拿大

学说在生态环境保护方面是具前瞻性的理论。

　　1988年6月12日，谢宗信与闵智亭两位道长飞抵加拿大多伦多，15日在当地蓬莱阁道观出席了记者招待会，接受记者采访。他们是应加拿大多伦多市道家太极拳社蓬莱阁道观邀请，前去主讲道教哲学和道教气功健身法。他们的访问活动，增进了中加两国道教信众的友谊。

　　（五）仙风道骨，永远怀念

　　谢道长接法弘道，济世度人，为道教的发展作出了卓越的贡献。他始终高举爱国爱教的旗帜，与党和政府肝胆相照，同舟共济。他也因此为海内外道教界、社会各界所推崇，被誉为"爱国爱教，济世利民"的道德典范。

　　2015年10月22日，海峡两岸道教界在武昌长春观纪念谢宗信方丈百年诞辰。

谢宗信方丈诞辰100周年道学研讨活动

此次纪念活动，由湖北省道教协会、北京白云观、安徽省道教协会主办，武昌长春观承办。时任中国道教协会会长李光富道长表示，谢宗信方丈一生"悬壶济世"，长达 30 年时间内一直担任中医学临床医师，积累了丰富的道医临床经验。他深悟道德真义，一生致力于在海内

谢宗信方丈塔

外传授道教文化及道医知识，为中国道家文化及道医的传承发挥了重要作用。

第三节　各界支持

武昌长春观广结善缘，近代的侯永德监院尤其善于社交，社交范围涉及政界、军界和工商界。大量名流善士为长春观捐款，给予帮助，促进了长春观的重建。以下仅举几例说明。

一、政界官文

官文的事迹在前文中已简单提到，这里从"各界支持"的角度再谈一谈。

官文（1798—1871年），满洲正白旗人，姓王佳氏，字秀峰。他任湖广总督期间，作为善士，大力支持长春观重建。李理安《长春观志》中有《官文善士传》。

官文能文能武，志量轶群。

咸丰五年（1855年），太平天国起义军攻陷武昌，巡抚陶恩培死。当时官文为荆州将军，屡胜太平军于岳家口、仙桃镇，又收复宜昌、沔阳、天门等处，战功显赫，于是被任命为湖广总督，赴襄阳督师，荆州、襄阳、郧阳诸郡兵事都由他负责。湖北巡抚胡林翼驻军武昌金口，负责武汉、黄冈兵事。他们相隔较远，信息沟通难，官文善于斡旋，双方和睦相处，一致对付太平军。官文作为钦差大臣，督办湖北军务，进攻太平军占领的武昌城，久攻不下，战殁水陆三千人、将弁六百以上。后来武昌城因为粮罄不可守，于是被攻克。

官文

一次，官文到武昌城外视察，路过长春观，看到道观破败，浮想联翩，发思古之幽情，遂召集社会各界资助长春观重修，他自己也慷慨捐献俸银。

当时社会动荡，太平天国燃起的硝烟犹在，民不聊生，长春观在兵燹后瓦砾仅存，官文主张重修长春观，恢复传统祭祀和道家礼仪，并为此不遗余力，难能可贵。

《重建长春观大殿功德碑序》记载了官文的功德："钦差大臣太子太保文华殿大学士湖广总督部堂官大人，捐俸金足色银二千八百两，葺修太上道祖大殿一栋。"

二、商界贺衡夫与刘维桢

贺衡夫（1888—1968年），湖北汉阳人，16岁到汉口荣昌油行当学徒，后开设自己的油盐店和桐油行。从1929年起，先后在汉口既济水电公司等6家企业和汉口商业银行等4家银行任职，1931—1933年任汉口市总商会会长。

贺衡夫年幼时家里非常贫穷，勉强支持他到乡村私塾上学。他天资颖慧，又勤奋好学，所以大家认为他是个可造之材。可惜家境艰难，他早早地走向了社会。他逐渐增加了人生阅历，领会到自己应该选择努力学习，掌握一技之长，学会经营，才能立足于社会。他在汉口荣昌油行当学徒，满师后当"跑街"。宣统三年（1911年），他在汉口开设衡昌仁记油盐零售店，后发展为三个油盐店和一家桐油行，并在湖北老河口设庄收购桐油。随着业务的发展，他将商店迁到了汉口花楼街。又过了两年，由于经营顺畅，资金不断积累，于是扩充业务。他在汉阳设立了油库和炼油工厂，由四哥负责主持，财务工作由五哥掌管。他自己总揽全盘，并负责桐油对外商销售事务。从此衡昌油行扶摇直上，获得了武汉桐油贸易行业的领先地位，贺衡夫也赢得了武汉商业界广泛的赞誉。

贺衡夫热心慈善事业，创办了汉口孤儿院，任董事长。他热心教育事业，支持中华大学创办，任校董。受同仁信任拥护，贺衡夫历任汉口市总商会代理主席、主席。贺衡夫慈悲为怀，助人为乐。作为工商界的名人，他为归元寺、长春观捐款甚多，有目共睹，历史上有很多记载。

1931年武汉大水成灾，贺衡夫任湖北水灾急赈会常委兼筹赈股主任，在汉口各同业公会中募捐，并通电全国救援，先后收到上海工商界赈灾面粉1万袋、湖北旅沪同乡会捐款1万元和美国红十字会捐款10万美金。

抗日战争胜利后，贺衡夫任汉口市商会理事长。1946年，长春观和元妙观、大道观等联合成立寿木局。贺衡夫参与施舍和出售棺木，为社会服务，一直到1956年寿木局移交给武昌区木器行业为止。

刘维桢，人称刘长毛，湖北黄冈人。幼时家境不好，其父望子成龙，把他送进学堂读书，期望他能有文化，光宗耀祖。上学后老师给他取了个文绉绉的名字，叫刘维桢。

刘维桢一生颇为传奇。他曾加入太平军，后变节投靠清军，以太平军数千名将士的鲜血，换得了清廷的蓝翎五品军功，并由此发迹。刘维桢先是寓居武昌胭脂山，后回黄冈老家经营庄园，成为黄冈的头号大地主、大富豪。据说他占有田地二十五万亩，占当时黄冈县土地的三分之一。刘维桢有大量资产，富甲一方。他在黄冈杨鹰岭周围修建粮仓七座，在武汉、黄州、团风等地开设典当铺五个、各种商号八家，购置轮船三艘，自称为"七仓五典八商三条船"，常年雇请长工、店员、仆人、管账等二三百人。他贪恋女色，有妻妾十人，子女二十人。传说他曾在武昌多地窖藏金银财宝。

经过了生死战火，经历了大富大贵，也许是大彻大悟了，也许是为了弥补自己的罪过，刘维桢晚年做了很多善事，慈禧亲赐他"乐善好施"匾额。

他给长春观捐献了近五百亩田地，这在《长春观志·刘维桢善士录》中有记载。

综上所述，近代长春观的复兴，与当时道人及社会各界的关心、支持分不开。近代中国社会动乱不堪，军阀混战，加上西方势力的冲击，民众无所适从，老百姓和各界寄托于道教信仰，热衷于传统习俗，是长春观复兴的社会背景。长春观在夹缝中生存，抓住时机，获得了民众的支持，尤其是赈灾、救济、慈善活动，更是吸引了大量信众和香客。

《长春观志》中对与长春观合作的武汉同善社中的三十多个地方名人也有比较详细的记载，其中人物多为武汉商业领域名流，他们出钱出力，为长春观的存续立下了汗马功劳。因为得到社会诸多人士支持，长春观快速复兴并名声大振。

第五章
长春观的社会服务

长春观作为一个道教机构，在历史上扮演了很多社会服务角色，举办庙会、办茶社、义诊、搞义务教育及祈福活动等，都曾经很有影响。

第一节　庙会与燕九节

武昌长春观的新春庙会和纪念丘处机生日的燕九节，长期以来在武汉民俗活动中占有一席之地，给老百姓带来了很多乐趣。

一、庙会活动有声有色

武昌长春观的庙会自古就有，尤其是长春观新年民俗庙会活动，在武汉三镇影响很大。新年民俗庙会上有当地食品、民间手工艺品展卖，蒸糕、汤圆、水饺、剪纸、风车、面塑泥人，应有尽有；还有柔术顶碗、高台雕花、滚灯、魔术、舞狮、踩高跷等表演；法会、元宵灯会紧锣密鼓，引人入胜。这些已成为武汉民俗展示的重要方面。

长春观的民俗庙会已成为武汉春节民俗文化的重要内容。辞旧迎新祈福纳祥法会，"头炷香""头盏灯""头响钟"是新年第一天重要的祈福活动。人们会如约而至，到长春观敬上新年里自己的第一炷香，奉上自己的第一盏灯，敲响自己的第一响钟，期盼自己和家人朋友在新的一年里能事事如意，身体安康。庙会往往是人山人海，热闹非凡，民众诚心点燃香火，鞠躬祈福。新春祈福燃莲灯活动也非常热闹，"燃起王母前灯，灭除心头火。愿以大智慧，照破众无明"。"燃灯""请灯""供灯"等仪式是将心愿卡贴在灯上，道长们加持，祈愿供灯者灾祸消除、福慧增长。到长春观的民众，都希望为自己及家人点燃新年的第一盏灯。

大年初五这一天，长春观还有"第一撞"活动——财神撞钟。正月初五是财神的生日，随着倒计时结束，将迎来五路财神（具体哪五路，有不同说法）的生日。道长撞财神钟三次，并为现场所有的信众求财纳福，祈愿国泰民安，家庭和谐，人人事业兴隆。然后由信众撞三十三钟，共计九十九响。信众参与性很强。

正月初八，长春观则有"拜太岁"活动。拜太岁是中国道家文化的一个内容，也是我国民间的一种祈福纳吉、消灾解难的传统习俗。早在元、明时期，拜太岁就被纳入国家祀典里，其所尊奉的是主管岁星的神灵，称为太岁神。

正月十五，长春观广场也会举办"姻缘会"。元宵佳节，长春观会为单身男女牵线搭桥。姻缘会里还加上了丰富的道教文化元素。观内道长为单身男女祈福送礼，讲解道家文化和姻缘关系，单身男女一起走平安桥，拜和合二仙，求姻缘签。活动可以让参与的会员自主交流，由此促成了一段段姻缘。

除了那些特定的活动外，长春观内还会在庙会期间举行很多精彩的系列活动，如武术表演。每逢庙会，观内道长就出场展示各种武术，供人观赏，充满着民间趣味，点缀了庙会气氛，增添了新春庙会的热闹和喜庆。

二、燕九节盛况非同凡响

燕九节，又名烟九节，筵九节、宴丘节等，是为纪念丘处机而设置的节日，在丘处机诞生日，即每年正月十九举行。它包含祭祀丘祖、摸石猴石狮、做道场、遇仙人等一系列活动。长春观非常重视燕九节。

燕九节于元代创立，明清时延续，近现代曾一度衰微，新中国改革开放后重新振兴。

丘处机死后，白云观道士为吸引信徒，到处宣扬丘处机的种种"神迹"。最流行的说法是说丘处机在每年正月十九前后，尤其是在正月十八晚，会化身为士族、官吏、游人、妇女、乞丐等各种不同的形象，

燕九节

出现在白云观或太虚宫等道场，谁若幸运遇到他，就能祛病延年。因此，丘处机去世后，每年正月十九前后，人们都去白云观、太虚宫，用酒肉祭祀丘祖神位，谓之"宴丘"。明代《帝京景物略·白云观》云："今都人正月十九，致浆祠下，游冶纷沓，走马蒲博，谓之燕九节。又曰宴丘。"年长日久，"宴丘"被讹传成"燕九"，这也正好和丘处机诞生日正月十九的"九"字联系起来，遂定每年这天为燕九节。全国的全真道观普遍纪念丘处机生日。这一纪念活动，在长春观也非常隆重。

道观的燕九节热闹、隆重。元代熊梦祥的《析津志辑佚》记载："正月初一至十九日，都城人谓之'燕九节'，倾城士女曳竹枝，俱往南城长春宫、白云观，宫观葳扬法事烧香，纵情宴玩，以为盛节。"① 正月十九，庙会进入高峰，谓之"神仙会"，人潮涌动。

随着时间的推移，燕九节内容不断扩充，规模也逐渐扩大，演变为包括戏剧表演、武术杂技表演、名胜小吃和工艺品展卖等多种形式在内的庙会。明代诗人吴宽描述此繁闹景象曰："京师胜日称燕九，少年尽向城西走。白云观前作大会，射箭击球人马蹂。"（该诗末句有不同版本）

清朝京都燕九节民俗盛况，沿至清代中后期。

北京的燕九节也甚为热闹，清人庞垲曾描述当时人山人海的场景："白云观与禁城连，燕九人多曲巷填。"清人方文诗中也说："京师胜日夸燕九，远近黄冠会白云。"正月十九这一天，皇帝会派人专门送来祭祀酒席，普通信徒或游众也纷纷焚香膜拜，祈求丘祖赐福护佑。由于传说丘处机会幻化成诸多形象，与人结缘，故节日期间，人们即便

---

① ［元］熊梦祥：《析津志辑佚》，北京古籍出版社，2001年，第213页。

长春观内的宝葫芦

对乞丐也不敢如平时那样颐指气使，随便呵斥。清人孔尚任曾作诗："金桥玉洞隔凡尘，藏得乞儿疥癞身。绝粒三旬无处诉，被人指作丘长春。"

1911年辛亥革命爆发，结束了中国两千多年的帝制，新文化运动兴起，燕九节曾一度被认为是带有迷信色彩的节日，遭短暂抛弃。各地沿袭了数百年的燕九节庙会也随之停办。新中国改革开放之后，在复兴优秀传统文化的进程中，人们对丘处机的言行有了重新认识，长春观和其他道观恢复了燕九节，燕九节再次以别样的面貌重现民间。

第二节　菜园与素斋

长春观的素斋闻名武汉，它既是道众的需要，又是老百姓的美食。这里的素斋，吸引了很多人前来品尝，成为长春观一道亮丽的风景线。其素斋与菜园息息相关。

一、菜园田产一度兴盛

长春观自清末以来拥有大量的田产，这些田产主要分布在余家桥、法泗洲、卓刀泉、安家桥等地，其中一部分是长春观多年积累下来的，另一部分是信士和资助者捐助的。

长春观的菜园田产，均设有庄主，由道士充任，负责管理，庄主有一定任职年限。李理安1936年编纂《长春观志》时，余家湖山庄或者叫余家桥（今天武昌余家湖一带），庄主为刘理航，从山东青岛出家，负责三年。这里有藕塘百八十亩，低洼土地大约三百亩，还有高阜旱田数十亩，加在一起大约有五百亩。余家湖山庄既有种植业，也搞渔业，进行多种经营。长春观原来在此有面湖朝山的葬区宝地，当时的士绅刘维桢临终时选择此处作为刘氏墓地，其子刘聘卿遵循父命，使余家湖山庄土地规模越来越大。刘家将此片水田旱地交由长春观打理，基本上是捐献给了长春观。

法泗洲，位于今武汉市江夏区法泗镇，距离武昌长春观大约一百里。法泗洲庄五百亩荒地是由胡英初善士出资五百大洋购买的。法泗洲原来是一片湖泊沼泽地，人烟稀少，三面环水，容易发生水涝，但是地价便宜，长春观廉价买到了大片土地和湖塘。庄主为武当山磨针井出家的华大师，负责管理此庄三年。长春观在此置地兴业，足见道观经营方略。

卓刀泉东湖山庄,庄主为凌道长,从四川出家,负责两年。

安家桥庄庄主为陈道长,从蕲水出家,负责年限为一年。

清光绪三十年(1904年),湖北巡抚端方和逸休堂陶姓堂主在大东门外购有一处坟地,与长春观邻近,便交由长春观道人管理,坟旁空地由道人耕种。

此外,长春观在江西庐山还设有下院,有不少田产。

近代三千亩之多的道观田产,使长春观在经济上有保障,甚至可以说颇具财力,保证了道观的日常需要,也使1925年的大型传戒活动取得圆满成功。

田产一度免去赋税,帮助了长春观的发展。对此,长春观监院徐教广功不可没。徐教广是山东泰安肥城人,他出身于军旅世家,祖上世代为将,有勇有谋,胆识过人。他子承父业,在古北口提督傅振邦麾下当差,跟随统领左宝贵到奉天剿匪,屡立战功,被提拔为军官。但是他厌倦了军旅生涯,就在无量宫出家。到武昌长春观后,他被推举为监院。据说,当时的武昌协统是徐教广在奉天的战友,与他交情深厚,希望他还俗从军,但徐教广矢志不渝,协统于是把减免长春观田产赋税的申请呈交给官府,经湖广总督批准,豁免了道观园田五十亩、武昌小洪山千子冈墓田五亩、小洪山后坡墓田二十亩的赋税。

菜园,保证了长春观素斋食材的新鲜和充足;田产,保障了长春观的经济需要,使传道无后顾之忧。

二、素斋养生乐此不疲

武汉知名的素菜馆有三家,即归元寺素菜馆、宝通禅寺素菜馆和长春观素菜馆。其中又以长春观素菜馆名气最大、生意最好。这里品种齐全，环境幽雅，交通便利，服务热情。最主要的是斋菜制作精巧，比如"素牛肉"与"黄陂扣肉"，从外观看让人绝对不敢相信是由素食制成。尤其是那份"素腊肠"，无论是外形还是口感，都与真的腊肠别无二致。道家文化果然是博大精深，反映在素斋上也是非同凡响。"五福拼盘"中的素牛肉特别美味，外形特别逼真，真的像卤牛肉一样。"菠萝咕咾肉"是面制的金黄色肉块，浇酸甜汁，好吃得不得了！"砂锅扣肉"肉质细腻柔软，鲜美可口。"面肉"肥瘦相间，口感一流。这里的素菜极为清淡，不放葱、蒜、姜、韭菜，也不放鸡蛋。

长春观素菜馆是以净素为本、以素仿荤的道家菜馆，三菇六耳、新鲜果蔬皆为原料，更多是将大豆深加工做成菜式，所有菜品都是由素菜制成荤菜的样子，可谓是"素心蕙质"。长春观素菜馆的存在和发展，不仅从道家注重的养生方面宣传了道家文化，更重要的是，素菜馆作为长春观的又一道家文化品牌，进一步提升了长春观和道家文化的影响力，从而为长春观的保护和发展赢得了更多的社会关注，也为道观的旅游开发增添了一道风景。

道教养生的一个很重要的内容就是饮食禁忌。道教特别强调要禁绝酒、肉及五辛之菜（葱、蒜、韭、蓼蒿、芥）。全真道士茹素吃斋，入全真道观绝不能夹带荤菜。道教提倡以素食为主，慎用荤腥食物，有其深层次的理论基础。少私寡欲有利于养生。"斋食者，洁净身心，涤除邪秽"，"圣人以此斋戒，以神明其德"。道教继承了老、庄的清静无为之道，注意节制个人欲望。在道教看来，只有少私寡欲才有可能长生登仙，如果纵心嗜欲，不可能实现灵仙羽化。而在饮食上，道士也恪守抱朴寡欲的基本义理，提倡素食。不仅如此，道教对人们饮食方面的奢靡之风，提出了强烈的批评，并且以神明信仰来加以警戒，旗帜鲜明地提倡简单饮食。古人有云："蔬食弊衣，足延性命，岂待酒食罗绮，然后为生哉！"

慈心于物有助于养生和养心。道教尚素的饮食习俗与其慈心于物的理念也有非常大的关系。众所周知，道教非常重视生命，不仅重视人类的生命，也重视万物的生命。在道教看来，动物也有知，也会避死贪生，杀伤动物是世间最惨烈的事情之一。一味地杀生，非但成不了仙道，反而会招致灾祸，因此道教倡导慈爱之心，培积善根。慈爱之心表现在饮食上就是不得杀生以充滋味。《正统道藏》里说："夫禽兽旁生，性命同禀，有夫妇之配，有父子之情，有巢穴之居，有饮食之念，爱憎喜惧何异于人，能怀恻隐之心，不忍杀戮而食，以证慈悲之行，不亦善乎？"动物和人类具有类似的情爱喜憎，世人应当行慈悲仁爱之事，惠及禽兽，不为口腹之欲杀生。因此，道士的饮食要以清淡为乐，少食乃至于不食肉类。

在道教戒律中，有许多是救护动物及保护其生存环境的规定。道教认为，动物有知觉，不能随意杀害，人类为万物之灵，应该审慎对待动物。唐代道医孙思邈也劝导世人用药时当心存仁慈、体恤动物。"自古名贤治病，多用生命以济危急，虽曰贱畜贵人，至于爱命，人畜一也。损彼益己，物情同患，况于人乎！夫杀生求生，去生更远。"孙思邈的谆谆教诲及身体力行，对道门影响甚大。道教中还有许多简明扼要的戒条，劝诫道士饮食、用药不能以牺牲动物为代价。这些戒条主旨鲜明、简练平实，有很强的可操作性，切合生态伦理基本原则。

斋戒是追求长生得道的必要环节。为了实现长生得道的理想，历代道士都尝试过各种各样的养生术，饮食是保证人体健康的重要物质基础，不仅能维持人体正常的生理活动，还能提高机体抗病能力，有益于身体生长发育，促进长生。出于长生成仙的追求，道教非常重视饮食养生,"食为命之基,不可斯须去之也"。在道教看来,学道之人必须先斋戒,能修长斋,则生道合一,妙用无穷。斋戒是对道教神灵表达敬意之举,其形式有沐浴、不食荤、不饮酒等,素食是其中的重要环节。道教的斋戒活动十分频繁。斋戒强调素食,有力地推行了道教以素为主的饮食方式。

现代医学研究也表明,素食有益于健康养生,比如可以降低患癌症的概率,减少肾脏负担等。素食中的饱和脂肪、胆固醇和动物蛋白含量比较低,而纤维素、叶酸、维生素C、类胡萝卜素等含量比较高,能提高人体免疫力,从而有效预防疾病。因此,道教崇尚素食的饮食理念以及操作方法,暗合现代人养生需求,对今天人们的健康饮食具有重要的启示。

20世纪80年代初期,谢宗信道长就提出要发挥道家素斋的价值,造福民众,同时也为道观创收,一举两得。长春观的素斋由此发展起来。

第三节　茶寮与义诊

一、白鹤泉水茶很有名

长春观茶寮是游人小憩、品茶悟道的地方。茶,自古以来就和宗教有着不解之缘,中国古人更将品茶上升到了"道"的境界,以茶体道,以茶会友,是道教重要的文化内容之一,后被佛家禅宗借鉴。"禅茶一味"的思想甚至远播日本,带动了茶道文化的发展。

长春观有记载的茶社是从20世纪50年代开始的。

长春观茶寮前的白鹤井提供了清洌的水源，是长春观茶水的独到之处。传说一群白鹤见观内道众吃水困难，便用嘴啄出一口井，就是长春观的白鹤井。茶寮自建成以来，吸引了无数文人雅士前来品茗论道，成为人们养生和悟道的一种途径。于此小坐，清茗唇齿留香，道德耳畔萦绕，仿佛穿梭于漫长的历史烟云之间，使人有一种"片刻偷闲便是仙"的感觉。

二、道医义诊遍三镇

为老百姓看病施药，是长春观多年来的社会慈善服务。长春观内办过多年义诊，聘请内、外、妇、幼各科中医及药剂人员共十余人，病人只需按顺序取号，分科就诊，照单取药，概不收费。

李崇钦道长擅长中医，以其针灸特长受到武汉市民的赞扬。他在观内办起了诊所，为民治病，分文不取。谢宗信道长从少年时便开始学习道法和医术，长期为人民群众治疗疾病，最终成为武汉市的著名道医。20世纪50年代，长春观、大道观、元妙观等庙观先后创办了医疗诊所。近年来，长春观的道医逐步得到复兴。

第四节　办学与倡孝

一、义务办学

长春观办学，从平民小学到大东门小学，有历史传承和影响。

民国初年，长春观监院侯永德道长在长春观西客房创建平民小学，出资聘请教师免费为平民学生教学，书本费也由长春观提供，是非常难得的重大善举，一时传为美谈。

　　新中国成立后，这里成为大东门回民小学，之后又改为大东门小学。

　　大东门小学一直归武汉市教育局管辖，在长春观办学半个世纪。但长春观作为全国重点宫观，与小学在一起，多有不便，且学校占据了长春观的神殿，后来长春观根据有关宗教政策，提出将大东门小学迁出。通过多方联系，上下协调，1997年，大东门小学把西院道藏阁归还给了长春观。

二、孟宗哭竹倡孝道

　　长春观是传说中的孟宗哭竹所在地，孟宗哭竹为《二十四孝》故事之一。至今，这里仍有紫竹林，也有二十四孝的碑刻，让人耳濡目染地接受中国传统孝道的熏陶。

　　孟宗（公元218—273年），字恭武，别名孟仁，据说是湖北孝感人，又说是湖北鄂城人，三国时吴国大臣，官至光禄勋、御史大夫。其父孟康是三国曹魏时著名学者，精通地理、天文、小学。孟宗自幼丧父，出身贫寒，一生中发生了很多可歌可泣的感人事迹。

　　孟宗是一个忠孝两全之人。他是东吴的良臣，其工作履历显示，他当吴县县令时，因奔丧被免官。在孙亮时期被重新起用。不过，孟宗广为人知，还是因为他的孝顺。

　　《三国志》注引中记载："宗母嗜笋，冬节将至，时笋尚未生，宗入竹林哀叹，而笋为之出，得以供母，皆以为至孝之所感。"元代郭居敬《二十四孝》辑入此事，称"哭竹生笋"。此故事树立了一个孝子对年老且病重的母亲尽孝的典型。俗话说："长病无孝子。"孟宗却尽了孝，对老母哪怕是不合时令的要求也尽量去满足。这里再次强化了《孝经》

"感应"之理念,也含有古谚所说的"皇天不负苦心人"之义。

孟宗哭竹的具体地点,说法很多。武汉就有武昌长春观、武昌凤凰山、汉阳孟宗哭竹地等几处。

长春观在三国时是一片茂密的竹林,被称为"紫竹岭"。孟宗"哭竹生笋"的故事就有人说是发生在长春观。长春观曾有孟宗祠,是为纪念此事而建的,已成为游人凭吊之地。

武昌凤凰山西南麓原来有孟母墓,有"孟宗哭竹生笋处"的大石碑。在大石碑后不远处,还有古泉一眼,泉水汩汩,该泉就是"孟井"的遗址。"文革"后,这眼古泉在建房时被填埋。时过境迁,现在武昌凤凰山孟母墓园及孟宗哭竹生笋处的遗址上都建了居民住宅。

武汉附近的孝感也有孟宗哭竹生笋的故事。今天在孝感市孝昌县周巷镇还留有孟宗遗址、孟宗书屋、孟宗哭竹港等。

纪念孟宗的地方,在武昌多有变迁,沿蛇山—双峰山—凤凰山一线,历朝历代,有所不同。

孟宗哭竹的传说,显示了老百姓对于孝道的尊崇,也体现了以孝道发生地点为荣的民间情怀。长春观里有这样的传说和遗迹,从一个侧面反映出长春观的传统文化非常丰富,引人入胜。

第五节　祈福活动

武昌长春观是道教的洞天福地,民俗活动也非常丰富,在求学、求婚、求财、求雨等祈福活动方面表现明显,成为道观满足百姓心理需要的一个方面。老子《道德经》强调"祸兮福之所倚,福兮祸之所伏"的辩证法,求福避祸乃人的自然心理。

长春观的祈福活动

道教善于体察民情、民需，对各种祈福活动都有一套套说法，并设计了一系列仪式，表现出社会服务功能。

一、求学

长春观东部有文昌殿，历来是学生祈福的道场。中国历史上一直把文昌帝君作为主宰科举成名的神灵，文昌帝君也就自然成为无数读书人礼敬的对象。隋唐科举制度产生以后，文昌帝君尤为文人学子所顶礼膜拜，有文昌帝君"职司文武爵禄科举之本"的说法。

到长春观文昌殿祈福的人都希望能金榜题名，仕途平坦。

文昌帝君在民间亦称文曲星。

现代社会中人们对文曲星的关注，更多是求得心理上的安慰。大家都知道平时的学习与积累马虎不得，唯有扎实的基本功才是考试顺利的保证。不过，除了90分的努力，有时似乎还需要10分的运气，才能顺利抵达成功的彼岸。因此，每到高考或者其他大考，面临不确定性的情况，家长或者学子们就前来长春观文昌殿祈福，希望能够借助文曲星的护佑马到成功，这往往可以缓解紧张情绪。长春观为此多次举行了祈福法会，来满足人们的心理需求。

文昌帝君画像

二、求婚

武昌长春观内有和合二仙。和合二仙手持荷花、手捧圆盒。荷与"和"谐音,手捧圆盒则象征"合",寓意五福临门,大吉大利。"和合"二字,从狭义上讲,表现出人们对恋爱、婚姻和家庭的理想追求,希望夫妻和合、恩恩爱爱、百年好合;从广义上讲,则表现出包容、与人为善、社会大同、天下和谐的愿望。

传统民俗认为,向和合二仙祈福,可使单身男女获得姻缘,可促进婚姻和谐、增强夫妻感情,还可令工作、事业上的合作更愉快、更顺利。如果兄弟不和、夫妻不和、朋友反目、同事不和、商业合作不愉快,都可以祈福于和合二仙,以起到化解矛盾的作用。和合二仙在民俗

和合二仙(画)

中有月老的媒介作用，可帮助人们结缘和婚配，成人之美。尽管现代社会自由恋爱非常普遍，但是大龄男女问题仍然非常突出，家长忧心忡忡，亲友极为关切。帮助解决恋爱和婚姻问题非常必要，甚至已经成为社会工作的一部分，也成为许多婚介机构的基本业务。发扬传统文化，发挥和合二仙的月老作用，方便大龄男女互相认识，促进交流，对于人们的恋爱和婚姻不无益处。

武昌长春观举办过多次相亲会。长春观"情定元宵姻缘庙会"，为都市单身族搭起了一座鹊桥，造福很多青年，有一次就有近500名单身男女齐聚在一起，寻找婚姻幸福。长春观特别安排了"月老牵红线""我猜我猜我猜猜猜""衔纸杯传水"等游戏互动环节，想方设法调动起时

2010年长春观情定元宵姻缘庙会场面

尚男女的热情，千方百计促使他们大方地介绍自己、描述心目中理想的另一半。参与活动的嘉宾都会获得一张祈福卡，许多人当场就将其挂在胸前，祈愿自己找到如意的"她"或者"他"。在提问、抢答的游戏环节中，帅哥靓妹们尽情展露个性，八仙过海，各显神通，妙趣横生的机智问答令现场的气氛非常活跃，高潮迭起，充满浪漫气息。一对对原本陌生的单身男女在一路欢声笑语中彼此相识、相知，逐步走向相爱。相亲会活动中替子女前来物色对象的父母团，目标更明确，他们带着无限期盼，积极参与，拿着孩子的照片仔细询问，遇到合适的就相互留下孩子的联系方式。交流活动结束后，50对有初步意向的单身男女乘坐大巴参加冷餐会，每人可获电影票2张，彼此可互留电话、交换QQ，一起去看电影，过个不再孤单的元宵节。

人们纷纷称赞长春观体谅青年人的情感需要，活动组织得好，希望以后能举办更多类似的活动，为单身男女提供相识和浪漫表白的平台。

武昌长春观已成为单身男女祈求美满姻缘的一个去处。相亲会多在传统节日元宵节庙会期间举行，显示了道家上善若水、成人之美的美德。

三、求财

武昌长春观每年正月初五都要举行迎财神、接财神活动，"撞财神钟""迎财神法会"十分热闹。有时还邀请大德善士敲99响财神钟，由众道长为参与者诵经纳福。福禄寿喜财，伴我钟声来，祈愿新年国家繁荣昌盛，企业事业昌隆，家庭吉祥安康。

武昌长春观里的财神殿是财神道场，供奉着人们崇拜的正财神赵公明、武财神关羽、文财神比干。三位财神的左右，各供奉东西南北四

财神殿前香火旺盛

路财神,再两侧供奉福神、禄神、寿神、喜神四位尊神。祭祀财神的同时,人们也向福、禄、寿、喜四神表达敬意,期望得到护佑。

物资匮乏的年代,老百姓的衣食住行都迫切需要财富保证,求财、发财、旺财、守财,成为人们的共同愿望,因此正月初五"迎财神"的习俗特别盛行,经过明、清、民国,迄今仍然流传于民间。如今,老百姓丰衣足食,拜财神的目的就不再是要吃饱穿暖,而是要使生活升级、财富倍增、日子更好。

长春观特别提醒信众,正月初五当天接的财神是赵公明。财神赵公明麾下有招宝天尊、纳珍天尊、招财使者、利市仙官四员小神供其使唤调遣。每年正月初四晚上子时一过,长春观便会聚集大量的信众,争相上香祈福,热闹非凡。初五白天更是一整天人流不断,信众都会虔诚祈祷，希望财运兴旺。

除了每年正月初五大规模迎接财神的活动之外，平时老百姓也来长春观财神殿求福、求财、求平安，表达对美好生活的希望。

四、求风调雨顺

风调雨顺、五谷丰登、政通人和是历代人们的美好愿望。与此对立的自然极端状况，体现在旱灾和洪灾上。武昌长春观在古代的抗旱祈雨、抗洪救济活动中多次出现，在现代历史上还有过几次特别记载。古代中国，老百姓靠天吃饭，雨水能影响粮食收成，直接关系到国库的收入与王朝的稳定。天下大旱，耕地干裂，赤地千里，颗粒无收，这样的旱灾在武汉屡屡发生。农民们多以为是得罪了龙王爷，为求得龙王爷开恩，赐雨人间，就会举行一系列形式各异的祭祀祈祷仪式。同样，洪水泛滥的水灾，也是闹得民不聊生。1931年武汉的水灾让这个城市遭殃，老照片显示汉口一片汪洋，人们在江汉路撑船。长春观积极参与救济灾民活动，功不可没。

武昌长春观的社稷坛、先农坛、神祇坛、老子宫，在历史上曾多次举行活动，祈求风调雨顺、国泰民安。道教希望安民济国，祈雨祈晴，消灾却祸。天、地、水"三官"，是道教最早敬奉的神灵，亦称"三官大帝""三元大帝""三官帝君"。三官大帝的信仰源于中国古代先民对天、地、水的自然崇拜，过去"三官殿"在城市中很常见。天、地、水是人们生产、生活的必要条件，没有它们，人类无法生存生活，因此人们常怀敬畏之心，对它们顶礼膜拜。祭天、祭地、祭水神，在中国古代社会非常普遍。天官赐福、地官赦罪、水官解厄释结，是后来对"三官"功能的进一步解释。

清初武昌长春观著名高功潘九阳道长，设坛祈雨，被传为佳话。潘

雷神画像

九阳道长16岁就入武当山学道，爱好吟咏经韵，后来还编辑了《广成辑要》一书。他云游时偶然得到八仙传授，"以五雷大法、表奏天官、司祈祷关键，跪而受之"，从此悟道、得道，尤其善于祈雨。他到武昌，正好逢旱，满城百官，上上下下，多次祈雨，都没有成功。老百姓一筹莫展。据传说，潘九阳在武昌偶遇金童子下凡，就戏书"雷"字于掌，人们奔走呼号。也许是潘九阳道长法事灵验，也许是久旱逢甘霖，反正是旱灾消除了。

雷神司雨旱，这种原始的自然神灵崇拜存在于道教信仰中。闪电划破长空，触目惊心，接着便是震耳欲聋的雷声。雷电往往与大雨相伴，古人认为雨水是雷电带来的，因此推断雷神是司雨主旱之神。雷电落地时，劈断树木，点燃森林，毁坏房屋，击毙人畜，都让人产生巨大的恐惧，使人们相信雷神掌握生死大权。雨水是农牧业生产的命脉，希望五谷丰登、六畜兴旺的人们自然会祈求主宰生死、掌管风雨的雷神保佑。雷神的主要使命就是要镇压妖巫魔道。《祭龙符檄》即是针对旱灾所下的檄令，在武昌长春观的祈雨法事中得到了运用：上请东方青帝行雨龙王、南方赤帝行雨龙王、西方白帝行雨龙王、北方黑帝行雨龙王、中央黄帝行雨龙王等神，于所限日时，前来本坛境土之内，扬威奋武，结盖掩曦，剪灭妖霓，诛锄旱魃。

武昌长春观往昔祈雨活动规模宏大，甚至连湖北省省长和督军都会参与。求雨的法事活动，细节上颇为讲究，有时还很灵验。道教祈雨以"开阴闭阳""损阳益阴"的理论为基础，天和人互相感应，正如天气的变化会对人的情绪产生影响一样，人的行为也能使上天发出响应。传统观念认为，旱灾的成因是阳气过盛，故求雨的关键在于消退过盛的阳气，有意识地去强化阴气，牵来乌云遮天，让雷神鸣锣开道，风雨雷电交加。道教祈雨仪式很多，包括祭祀神灵、建造请雨坛、安置土龙、跳舞娱神等。实施开阴闭阳，说明干旱时期特别需要"阴盛阳衰"。这些朴素的阴阳平衡与失衡观念，是古人希望实现天地人和、风调雨顺的自然哲学基础。

五、本命年拜太岁

太岁，即为太岁神，又名岁星、顺星、太岁星君。太岁以六十甲子的干支纪年法为运转周期，共六十位。每年有一位岁神当值，谓之"值年太岁"，是一岁之主宰，掌管当年人间的吉凶祸福。拜太岁，是指道教中礼拜太岁神的法事活动。

犯太岁，在民间指人的生肖与太岁神有着相冲的不利关系，大多诸事不顺，易有不测之灾及损伤。俗话说："太岁当头坐，无福便有祸。"因恐冒犯太岁，便有拜太岁的风俗传统。犯太岁之人，可用拜太岁神之祈福方法来消灾解难。道家提出"本命"的说法，将出生年的六十甲子干支之年称为"本命元辰"，即本命年。道家还认为六十甲子即六十星宿，代表了六十尊元辰星宿神。本命年往往是个人多灾时期，民间传统上都有消灾的说法。

拜太岁在道教中可以消灾，逢凶化吉。人们可以选择前往庙宇参拜，也可以在家中自行祭拜。祭祀的时候，需要简单的香烛、水果及斋菜。除此之外，还有拜祭太岁的必备纸宝。古人云："太岁如君，为众神之首、众煞之主，有如君临天下，不可冒犯。"由于太岁神位高权重，人人敬而畏之，为避免得罪太岁，因此在冲犯太岁之年，都在开春期间求取"太岁符"，祈求新的一年平安顺利、趋吉避凶。属相犯太岁的人礼拜太岁神，祈求保佑。自古以来，通常认为犯太岁的人会流年不利、凡事不顺、事业困顿、身体多病，所以几乎都要在年初去道教宫观拜太岁，也称作"安太岁"。通过消灾道场，祈求值年太岁保佑信众，消四季无妄之灾，纳八节有余之庆。依照道教传统说法，每人每年都有一位值年星宿，也叫"流年照命星宿"。日、月、水、火、木、金、土、罗睺、计都九星轮流值年照命。人的一年命运如何，亦由这位值年星宿决定，而每年正月初八为诸星君聚会之期，又传为诸星君下界之日，故在这天祭祀星君，便有可能获得星君的垂佑。

长春观拜太岁的法事，是通过高功诵经、步斗、上表等专用科仪与神灵沟通，神灵一般都会赐福于参加法事的信众，使其合家平安、身体健康、百事顺利、所愿遂心。

长春观拜太岁的习俗，体现了古人天人合一的观念。随着时代的发展，传统的习俗也在发生改变，在有些地方，人们用舞灯、燃灯等形式祈福。有的人在本命年到道观请护身符保佑，有的人在腰间系红绳子辟邪，颇为有趣。

长春观拜太岁的习俗在现代也有所改进。大批香客前来长春观，鼎盛的香火为长春观带来人气的同时，也存在着火灾隐患和环境污染的问题。长春观把推行文明燃香作为一项重点工作提上了议事日程，积极进行城市环境保护，留住清新空气，确保长春观文物安全。为此，长春观门口贴出了"倡导文明敬香，严禁外香带入"的提醒标语，提倡使用检测合格的环保香，全面禁烧不符合标准的香烛，这些做法受到了各界赞扬。

事实上，长春观的祈福活动非常多样。上面列举的仅仅是其中一部分。

长春观的祈福活动，彰显了长春观对传统文化和社会民俗的大力传承，也反映出道观与时俱进的生存之道，满足了人们趋利避害的心理需求。如何对祈福法会加以新的灵活运用，使之与当下形势对接，更好地服务于社会，是道观在新时代生存发展的一个全新课题。

参考文献

一、专著部分

1. 许地山：《道教史》，上海书店，1934年。
2. 傅勤家：《中国道教史》，上海书店，1937年。
3. 陈国符：《道藏源流考》，中华书局，1963年。
4. 李养正：《道教概说》，中华书局，1989年。
5. 张继禹：《中国道教神仙造像大系》，五洲传播出版社，2012年。
6. 卿希泰：《中国道教史》，四川人民出版社，1996年。
7. 刘康乐：《明代道官制度与社会生活》，金城出版社，2018年。
8. 杨玉辉：《道教养生学》，宗教文化出版社，2006年。
9. 李刚等：《隋唐道家与道教》，广东人民出版社，2003年。
10. 孙以楷：《道家与中国哲学》，人民出版社，2004年。
11. 陈宝良：《明代社会生活史》，中国社会科学出版社，2004年。
12. 吕大吉等：《中国宗教与中国文化》，中国社会科学出版社，2005年。
13. 龚延明：《中国历代职官别名大辞典》，上海辞书出版社，2006年。
14. 袁志鸿：《道教神仙故事》，大众文艺出版社，1998年。
15. 苟波：《道教神仙传记的文化学研究》，宗教文化出版社，2019年。
16. 孔德：《武当道教暨神仙人物》，中山大学出版社，2009年。
17. [金]丘处机：《丘处机集》，赵卫东辑校，齐鲁社，2005年。
18. 赵益：《丘处机——一个人与一个教派的传奇》，凤凰出版社，2009年。

19. 任勇智：《随丘祖西行——寻访长春真人丘处机的西行之路》，陕西师范大学出版总社，2017年。
20. 李理安：《长春观志》，武汉出版社，2019年。
21. 武汉市地名委员会：《武汉地名志》，武汉出版社，1990年。
22. 张九赋：《长春观》，武汉出版社，2001年。
23. 孙君恒：《荆楚佛寺道观》，武汉出版社，2012年。
24. 湖北省地方志编纂委员会：《湖北省志·宗教》，湖北人民出版社，1997年。
25. 武昌区政协文史委：《武昌老地名：人文自然地名》，武汉出版社，2008年。
26. 万建芳等：《荆楚道教》，武汉出版社，2018年。

二、论文部分

1. 吴诚真：《参加中国道教协会第十一届玄门讲经巡讲有感》，《中国道教》，2019年第5期。
2. 吴诚真：《方丈大律师开示文》，《中国道教》，2016年第6期。
3. 吴诚真：《激发道教文化的时代活力》，《中国宗教》，2015年第7期。
4. 吴诚真：《发挥道教文化在构建社会主义核心价值体系中的积极作用》，《世纪行》，2012年第5期。
5. 吴诚真：《积极为社会主义精神文明做贡献》，《中国道教》，2000年第2期。
6. 邓学林：《武汉长春观将慈善融汇在日常生活》，《中国宗教》，2018年第4期。
7. 胡军：《"经忏丛林"的道乐文化资源开发与利用——关于武汉长春观道教音乐文化产业发展的当下思考》，《黄钟》，2014年第2期。
8. 梅莉：《变动时代背景下的全真道与地方社会——侯永德与民国二三十年代的长春观》，《华中师范大学学报》（人文社会科学版），2012年第5期。
9. 任宗权：《江楚名迹长春观》，《中国宗教》，2007年第11期。
10. 刘固盛：《论北宋的黄老思想》，《四川大学学报》（哲学社会科学版），2020年第1期。

11. 杨立志：《明成祖与武当道教》，《江汉论坛》，1990年第12期。

12. 赵亮：《明代道教管理制度》，《世界宗教研究》，1990年第3期。

13. 王建：《官民共享空间的形成：明清江南的城隍庙与城市社会》，《史学月刊》2011年第7期。

14. 张桥贵，赵慧生：《中国道官制度初探》，《光明日报》，2005年7月5日第7版。

15. [法]高万桑：《清代江南地区的城隍庙、张天师及道教官僚体系》，《清史研究》，2010年第1期。

16. 章原：《丘处机〈摄生消息论〉中的养生理念》，《中国道教》，2015年第1期。

后记
Postscript

非常感谢武汉出版社给予的写书机会！邹德清总编辑、明廷雄编辑为此书出版付出甚多，万分感激。

此书由孙君恒担任主编，拟定提纲，进行统稿。各章的具体作者如下：

第一章：孙君恒（北京大学博士、武汉科技大学国学研究中心主任、三级教授），李祎（武汉科技大学档案馆副研究馆员），张翼飞（广西师范大学研究生）；

第二章：王斌（武汉科技大学硕士、浙江金华职业技术学院教师），刘娣（武汉科技大学硕士、山东潍坊工程职业学院教师），张军桥（武汉科技大学硕士、河北师范大学历史学博士）；

第三章：韩兆笛（武汉科技大学研究生），关殷颖（武汉科技大学研究生），许启超（武汉科技大学研究生）；

第四章：毛艳（武汉科技大学硕士、武汉大学哲学博士、南昌航空大学教师），王玉卓（开封大学国学研究会会长），许利峰（武汉科技大学硕士、山东沂水县委党校教师）；

第五章：谢胜旺（武汉科技大学硕士、武汉大学哲学博士、南阳理工学院教师），田晓燕（武汉科技大学硕士、湖北工业大学工程技术学院教师），庄德才（武汉科技大学研究生）。

作者们或身居武汉，或曾在此深造，或多次走访长春观。

我在大学读了十年哲学（山东大学本科、武汉大学硕士、北京大学博士），毕业后从事哲学教学与研究工作，每学期都对本科生、研究生

长春观丛谈

讲道家思想，非常喜欢"近水楼台"武昌长春观，几乎每年都带哲学研究生、国学本科生到长春观现场见识、悟道，多次见到吴诚真方丈；也寻访了国内很有名气的道观（如武当山道观、北京白云观、山东栖霞太虚宫等）和各地名不见经传的乡村小道观，在海内外发表了一些道教论文。但我们毕竟是"俗"人，对道教的认识还比较粗浅，撰写本书仅仅是发表些"俗"人的看法，在此献丑了。

道家、道教文化，博大精深。2020年初，新冠肺炎肆虐，使人们对道家的道法自然、敬畏自然、尊重生命的哲理，有了更为深刻的感悟。我们写作此书时，武汉抗疫取得了决定性的胜利，彰显了中国智慧、中国经验、中国方案，道家智慧功不可没。长春观在武汉抗疫期间冲锋在前，其中故事在网络上可以搜索。他们和武汉、和祖国同呼吸，共命运，献计献策，出力出资，令人感动。

写作过程中参考了很多史料，注释和参考文献有所体现，但是长春观涉及的历史和现实信息极多，挂一漏万，疏漏之处，请大家海涵。

书中讹误难免，敬请批评指正。

孙君恒

2020年教师节初稿

2021年1月8日二稿

2021年4月8日定稿